AF469525

VOYAGES

PITTORESQUES ET ROMANTIQUES

DANS L'ANCIENNE FRANCE.

VOYAGES

PITTORESQUES ET ROMANTIQUES

DANS L'ANCIENNE FRANCE

PAR I. TAYLOR,

MEMBRE DE L'INSTITUT.

A. F. LEMAITRE, ÉDITEUR.

A PARIS.

DE L'IMPRIMERIE DE FIRMIN DIDOT FRÈRES, FILS ET Cie,

IMPRIMEURS DE L'INSTITUT DE FRANCE,

RUE JACOB, N° 56.

M DCCC LXIII.

Bourgogne.

BOURGOGNE

TABLE DES ARTISTES

AVIS AU RELIEUR

N. B. — Le texte et les planches doivent être placés dans l'ordre indiqué par la table suivante :

Charles le Téméraire, duc de Bourgogne, d'après une peinture conservée au musée de Dijon; dessiné et lithographié par F. Bissey.

Puits de Moïse à l'ancienne Chartreuse de Dijon, n° 1; lithographié par M. Fichot, d'après une photographie.

Puits de Moïse à l'ancienne Chartreuse de Dijon, n° 2; lithographié par M. Fichot, d'après une photographie.

Puits de Moïse à l'ancienne Chartreuse de Dijon, n° 3; lithographié par M. Fichot, d'après une photographie.

Puits de Moïse à l'ancienne Chartreuse de Dijon, n° 4; lithographié par M. Fichot, d'après une photographie.

Cour de l'hôtel des Ambassadeurs d'Angleterre, au quatorzième siècle, rue des Forges, à Dijon; dessinée et gravée par M. A.-F. Lemaitre, d'après le croquis de M. Cambon.

Cour de l'hôtel des Ambassadeurs d'Angleterre, au quatorzième siècle, 2, rue des Forges, à Dijon; dessinée et gravée par A.-F. Lemaitre.

Hôtel Chambellan, dit hôtel des Ambassadeurs d'Angleterre, plan de l'étage; hôtel des Ambassadeurs d'Angleterre, rue des Forges, à Dijon, plan du rez-de-chaussée; dessinés par M. A. Sirodot, ingénieur architecte; gravés par M. Lemaitre.

Hôtel des Ambassadeurs d'Angleterre, rue des Forges, à Dijon, 2; dessiné par M. A. Sirodot, ingénieur architecte; gravé par M. A.-F. Lemaitre.

Hôtel des Ambassadeurs d'Angleterre, rue des Forges, à Dijon, 3; dessiné par M. A. Sirodot, ingénieur architecte, gravé par M. A.-F. Lemaitre.

Hôtel des Ambassadeurs d'Angleterre, rue des Forges, à Dijon, 4; dessiné par M. A. Sirodot, ingénieur architecte, gravé par M. A.-F. Lemaitre.

Ancien hôtel Bernardon, à Dijon; dessiné et lithographié par M. E. Sagot, figures par M. Gaildrau.

Restes du château construit par Louis XI, à Dijon; dessinés et lithographiés par M. E. Ciceri.

Le Château, à Dijon, restes de la partie construite par Louis XII; dessiné et lithographié par M. E. Ciceri.

Tombeau de Philippe le Hardi, conservé au musée de Dijon; lithographié par M. Fichot, d'après une photographie.

Tombeau de Jean sans Peur et de Marguerite de Bavière, conservé au musée de Dijon; lithographié par M. Fichot, d'après une photographie.

Chapelle funèbre à l'hôpital de Dijon; dessinée et lithographiée par M. Ph. Benoist.

Façade de l'église Saint-Michel, à Dijon; lithographiée par M. Bachelier, d'après une photographie.

Portail du milieu de la façade principale de l'église Saint-Michel, à Dijon; lithophotographie de M. Lemercier, procédé de M. Poitevin.

Portail sud du transsept de l'église Saint-Michel, à Dijon; dessiné et lithographié par M. Léger.

Les Carmélites, à Dijon; dessinées et lithographiées par M. Bachelier.

Le Palais de Justice, à Dijon; dessiné et lithographié par M. A. Rouargue.

Hôtel Vogüé, à Dijon; lithographié par M. E. Cicéri, figures par M. Bayot.

Porte extérieure de l'hôtel Vogüé, à Dijon; dessinée et gravée par madame Clément, née Lemaitre, d'après une photographie.

Ordre composite dans la cour de l'hôtel Vogüé, à Dijon; dessiné par M. E. Sagot, gravé par madame Clément, née Lemaitre.

I. Ordre composite; II. III. IV. V. Couronnements de portes et d'une fenêtre de l'hôtel Vogüé, à Dijon; dessinés par M. E. Sagot et M. A.-F. Lemaitre, gravés par madame Clément, née Lemaitre.

Cheminée de la grande salle de l'hôtel Vogüé, à Dijon; dessinée par M. E. Sagot, architecte: gravée par madame Clément et Lemaitre.

Maison, rue Vannerie, à Dijon; dessinée et lithographiée par M. Dauzats.

Maison et tourelle, à Dijon, place aux Fruits; dessinées et lithographiées par M. Monthelier, figures par M. Gaildrau.

Hôtel Mimeure, à Dijon; dessiné et lithographié par M. Hubert-Clerget.

Cour d'une maison du seizième siècle, rue des Forges, à Dijon; dessinée par M. Cambon, lithographiée par M. Fichot.

Maison du seizième siècle, rue des Forges, à Dijon; dessinée et lithographiée par M. Hubert-Clerget.

Cour d'une maison du temps de Louis XIII, rue Condé, à Dijon; dessinée par M. Cambon, lithographiée par M. Fichot.

Escalier contre la tour de Bar, à Dijon; dessiné et lithographié par M. Hubert-Clerget.

Puits orné dans la cour de la prison, à Dijon; dessiné et lithographié par M. E. Sagot, figures par M. Gaildrau.

Tombeau de Philippe Pot, à Dijon, 1, chez M. le comte de Vesvrotte, lithophotographie de M. Lemercier, procédé de M. Poitevin.

Tombeau de Philippe Pot, à Dijon, 2, chez M. le comte de Vesvrotte; lithophotographie de M. Lemercier, procédé de M. Poitevin.

Portail de l'église Notre-Dame, à Beaune; dessiné et lithographié par M. Hubert-Clerget, figures par M. Gaildrau.

Porche de l'église Notre-Dame, à Beaune, n° 1; dessiné et lithographié par M. E. Sagot, figures par M. Gaildrau.

Porche de l'église Notre-Dame à Beaune, n° 2; dessiné et lithographié par M. E. Sagot, figures par M. Gaildrau.

Abside de l'église Notre-Dame, à Beaune; dessiné et lithographié par M. Hubert-Clerget, figures par M. Gaildrau.

Vue intérieure de l'abside de l'église Notre-Dame, à Beaune; dessinée et lithographiée, par M. E. Sagot, figures par M. Gaildrau.

Vue intérieure du transsept de l'église Notre-Dame, à Beaune; dessinée et lithographiée par M. E. Sagot, figures par M. Gaildrau.

Porte de l'hôpital de Beaune; dessinée et lithographiée par M. Hubert-Clerget, figures par M. Gaildrau.

Cour de l'hôpital de Beaune; dessinée et lithographiée par M. Hubert-Clerget.

Le beffroi de Beaune; M. L. Gaucherel del., M. E. Ciceri lith.

Ancien hôtel à Beaune; dessiné et lithographié par M. E. Sagot, figures par M. Gaildrau.

Maisons romanes, rue de la Charité, à Beaune; dessinées et lithographiées par M. E. Sagot, figures par M. Gaildrau.

I. Colonne de Cussy; II. III. Détails du piédestal; photographiés par M. Jobard, de Dijon; lithophotographie de M. Lemercier, procédé de M. Poitevin.

Église à Selongey; dessinée et lithographiée par M. E. Sagot, figures par M. Gaildrau.

Église à Marey; dessinée et lithographiée par M. E. Sagot, figures par M. Gaildrau.

Maison du seizième siècle, à Arc; dessinée et lithographiée par M. E. Sagot.

Ruines du château de la Roche-Pot; dessinées et lithographiées par M. Hubert-Clerget.

Texte: feuilles 28 à 31, l'Auxois, Semur, Arnay-le-Duc, Saulieu, Avallon; *vignette:* château de Thoisy-la-Berchère; dessiné par M. E. Sagot, lithographié par M. E. Ciceri.

Paysages: Semur; dessiné par M. E. Sagot, lithographié par M. E. Cicéri et M. Gaildrau.

Ville et château de Semur; M. Léon Gaucherel del., M. E. Ciceri lith.

Bas-coté de l'église Notre-Dame, à Semur; dessiné et lithographié par M. E. Sagot, figures par M. Gaildrau.

Bas-côtés de la nef de l'église de Semur et Custode; dessinés et lithographiés par M. E. Sagot, figures par M. Gaildrau.

Vue intérieure de l'abside de l'église Notre-Dame, à Semur; dessinée et lithographiée par M. E. Sagot, figures par M. Gaildrau.

Plan de l'église Notre-Dame-de-Semur; dessiné par M. E. Viollet-le-Duc, gravé par M. Hibon et M. Lemaitre.

I. Élévation de l'abside; II. Coupe de l'église Notre-Dame, à Semur en Auxois; dessinées par M. E. Viollet-le-Duc, gravées par M. A.-F. Lemaitre.

Avallon; dessiné par M. E. Sagot, lithographié par M. E. Ciceri.

L'église et le beffroi d'Avallon; dessinés et lithographiés par M. E. Sagot, figures par M. Gaildrau.

Ornements romans du portail de l'église d'Avallon, N° 1; dessinés et lithographiés par M. E. Sagot, architecte.

Ornements romans du portail de l'église d'Avallon, N° 2; dessinés et lithographiés par M. E. Sagot, architecte.

Nef de l'église d'Avallon; dessinée et lithographiée par M. E. Sagot.

Chapiteaux, frise et détails romans de l'église d'Avallon; dessinés et lithographiés par M. E. Sagot.

Église à Flavigny; dessinée et lithographiée par M. E. Sagot, figures par M. Gaildrau.

Ancienne porte fortifiée, à Flavigny; dessinée et lithographiée par M. E. Sagot, figures par M. Ch. Vernier.

Église à Saint-Thibaut; dessinée et lithographiée par M. Hubert-Clerget.

Le Château de Montbard au dix-septième siècle, dessiné et lithographié par M. E. Ciceri, d'après Israël Sylvestre.

Texte: feuille 32 à 35. *Vignette:* Tombeau de saint Germain, à Auxerre (*crypte de l'ancienne abbaye*); dessiné par M. E. Sagot, lithographié par M. E. Ciceri.

Auxerre; dessiné et lithographié par M. Hubert-Clerget.

Vue d'Auxerre; dessinée par M. E. Sagot, lithographiée par M. E. Ciceri, figures par M. Gaildrau.

Restes de l'ancienne abbaye Saint-Germain d'Auxerre dessinés et lithographiés par M. E. Sagot.

Portail du transsept de l'église abbatiale Saint-Germain d'Auxerre; esquisse par M. E. Sagot, lithographié par M. Benoist et M. E. Ciceri, figures par M. Bayot.

Porche du transsept de l'église Saint-Germain, à Auxerre; dessiné par M. Cambon, lithographié par M. E. Ciceri, figures par M. Gaildrau.

Cathédrale d'Auxerre; dessinée par M. Cambon, lithographiée par M. E. Ciceri et M. Fichot.

L'abside de la cathédrale d'Auxerre; dessinée et lithographiée par M. E. Sagot, figures par M. Gaildrau.

Détail du portail de la cathédrale d'Auxerre, 1; dessiné par M. E. Sagot, gravé par M. A.-F. Lemaitre.

Détail du portail de la cathédrale d'Auxerre, 2; dessiné par M. E. Sagot, gravé par M. A.-F. Lemaitre.

Église Saint-Eusèbe, à Auxerre; dessinée et lithographiée par M. E. Sagot.

Le chœur de l'église Saint-Eusèbe, à Auxerre, dessiné et lithographié par M. E. Sagot, figures par M. Gaildrau.

Ancienne porte de l'abbaye Saint-Père, à Auxerre; dessinée et lithographiée par M. E. Sagot, figures par M. Ch. Vernier.

Portail de l'église Saint-Père, à Auxerre; dessiné et lithographié par M. E. Sagot, figures par M. Ch. Vernier.

Vue intérieure de l'église Saint-Père, à Auxerre; dessinée et lithographiée par M. E. Sagot.

Le beffroi d'Auxerre, avant la destruction de la flèche; dessiné et lithographié par M. E. Sagot, figures par M. Gaildrau.

Vue générale du château de Tanlay; dessinée et lithographiée par M. E. Sagot, figures par M. Gaildrau.

Château de Tanlay; dessiné et lithographié par M. E. Sagot, figures par M. Gaildrau.

Château de Tanlay, côté du parc; dessiné et lithographié par M. E. Sagot.

Tour d'escalier au château de Tanlay; dessinée et lithographiée par M. E. Sagot, figures par M. Gaildrau.

Portail de l'ancien château de Tanlay; dessiné et lithographié par M. E. Sagot, figures par M. Gaildrau.

Façade de l'ancien château de Tanlay; dessinée et lithographiée par M. E. Sagot, figures par M. Gaildrau.

Plan général du château de Tanlay; dessiné par M. E. Sagot et M. Laborey, gravé par M. Lemaitre.

Façade de l'ancien château de Tanlay, dit le Portail; dessinée par M. E. Sagot, gravée par madame Clément, née Lemaitre.

Ordre composite de l'ancien château de Tanlay, dit le Portail; dessiné par M. E. Sagot, arch., gravé par madame Clément, née Lemaitre.

Château d'Ancy-le-Franc, côté du parc; dessiné et lithographié par M. E. Sagot, figures par M. Gaildrau.

Ancy-le-Franc; plan général du château; dessiné par M. E. Sagot et M. Laborey, gravé par M. Lemaitre.

Façade du château d'Ancy-le-Franc; dessinée par M. E. Sagot, arch., gravée par madame Clément, née Lemaitre.

Détails du château d'Ancy-le-Franc; dessinés par M. E. Sagot, gravés par madame Clément, née Lemaitre.

Château de Chastellux; dessiné par M. E. Sagot, lithographié par M. E. Ciceri.

Château de Rochefort; esquisse de M. E. Sagot, lithographié par M. E. Ciceri.

Château de Bussy-Rabutin; dessiné par M. E. Sagot, gravé par madame Clément, née Lemaitre.

Église à Saint-Bris; esquisse par M. E. Sagot, lithographiée par M. Dauzats.

L'église et la tour de Cravant; dessinées et lithographiées par M. E. Sagot, figures par M. Gaildrau.

Vue intérieure de l'église de Cravant; dessinée et lithographiée par M. E. Sagot, figures par M. Gaildrau.

Le narthex de l'église de Vermanton; dessiné et lithographié par M. E. Sagot, figures par M. Gaildrau.

Détails de l'église de Vermanton; dessinés et lithographiés par M. E. Sagot, arch.

TEXTE : l'Autunois et le Charolois, feuilles 36 à 41; *vignette :* Restes d'un théâtre romain, à Autun; dessinés par M. Ginain, lithographiés par M. E. Ciceri.

Porte romaine du faubourg d'Arroux, à Autun; dessinée par M. Ginain, arch., lithographiée par M. E. Ciceri et M. Fichot; figures par M. Gaildrau.

Porte romaine du faubourg Saint-André, à Autun; dessinée par M. Ginain, arch., lithographiée par M. E. Cicéri; figures par M. Gaildrau.

Restes d'un théâtre romain, à Autun; dessinés par A.-F. Lemaitre, lithographiés par E. Ciceri.

Monument romain, dit temple de Janus, à Autun; dessiné par M. Ginain, arch., gravé par A.-F. Lemaitre.

Restes du monument romain, dit la Pierre de Couhard, à Autun; dessinés par M. A.-F. Lemaitre, lithographiés par M. E. Ciceri.

Cathédrale d'Autun et fontaine; dessinées par M. Cambon, lithographiées par M. E. Ciceri et M. Fichot, figures par M. Gaildrau.

Porche de la cathédrale d'Autun; dessiné par M. Cambon, lithographié par M. Fichot, figures par M. Gaildrau.

Vue intérieure de la cathédrale d'Autun; dessinée par M. Cambon, lithographiée par M. Fichot.

Zodiaque et tympan du porche de la cathédrale d'Autun; dessiné par M. A. Dauzats, gravé par M. A.-F. Lemaitre.

TEXTE : Le Châlonnois et la Bresse Châlonnoise, le Mâconnois, demi-feuille 41, feuilles 42 à 45. *Vignette :* Château de Chastellux; dessiné par M. E. Sagot, lithographié par M. E. Ciceri.

Cluny; esquisse par M. E. Sagot, lithographié par M. E. Ciceri, figures par M. Gaildrau.

Église abbatiale de Cluny; dessinée et lithographiée par M. E. Sagot, figures par M. Guérard.

Vue intérieure de l'église Notre-Dame, à Cluny; dessinée et lithographiée par M. E. Sagot, figures par M. Gaildrau.

Église Saint-Marcel, à Cluny; dessinée par M. E. Sagot.

Restes de l'ancien palais des Papes, à Cluny; dessinés et lithographiés par M. E. Sagot, figures par M. Guérard.

Maisons romanes, à Cluny, nº 1; dessinées et lithographiées par M. E. Sagot, figures par M. Gaildrau.

Maisons romanes, à Cluny, nº 2; dessinées et lithographiées par M. E. Sagot, figures par M. Gaildrau.

Retable provenant de l'abbaye de Cluny; lithophotographié par M. Lemercier, procédé Poitevin; fait partie de la collection de M. Beaudot, à Dijon.

Église à Paray-le-Monial; dessinée et lithographiée par M. E. Sagot, figures par M. Ch. Vernier.

Abside de l'église, à Paray-le-Monial; dessinée et lithographiée, par M. E. Sagot, figures par M. Ch. Vernier.

L'abside de l'église de Paray-le-Monial; dessinée et lithographiée, par M. E. Sagot, figures par M. Gaildrau.

Plan de l'église de Paray-le-Monial; dessiné par M. E. Millet, gravé par M. A.-F. Lemaitre.

I. Autel, II. Fonts baptismaux et ornements romans dans l'église de Paray-le-Monial; dessinés par M. E. Millet et M. E. Sagot, gravés par Mme Clément née Lemaitre.

Maison du seizième siècle, à Paray-le-Monial; dessinée et lithographiée par M. E. Sagot, figures par M. Gaildrau.

Vue latérale de l'église de Semur en Brionnois; dessinée par M. E. Sagot, figures par M. Gaildrau.

Vue intérieure de l'église de Semur en Brionnois; dessinée par M. E. Sagot, figures par M. Gaildrau.

Détails de l'église de Semur en Brionnois; dessinés par M. E. Sagot, arch., gravés par M. A. F. Lemaitre.

Église de Bois-Sainte-Marie; dessinée et lithographiée par M. E. Sagot, figures par M. Gaildrau.

Vue intérieure de l'église de Branges; dessinée et lithographiée par M. E. Sagot, figures par M. Gaildrau.

Église Saint-Philibert et anciennes fortifications à Tournus; dessinées et lithographiées par M. E. Sagot; figures par M. Gaildrau.

Façade de l'église Saint-Philibert et tours anciennes, à Tournus; dessinées et lithographiées par M. E. Sagot; figures par M. Gaildrau.

Château de Sercy; dessiné et lithographié par M. E. Sagot.

La Claytte; dessinée par M. E. Sagot, lithographiée par M. E. Ciceri.

FRONTIÈRES DE BOURGOGNE.

Ordre intérieur de l'église Saint-Florentin; dessiné et lithographié par M. E. Sagot.

Détails de l'abside et fonts baptismaux de l'église de Rèmes; M. A. Durand del., M. A. Guillaumot sculp.

Détail du portail de l'église Saint-Ayoul, à Provins; M. Durand arch. del., M. A. Guillaumot sculp.

FIN DE LA TABLE DE BOURGOGNE.

INTRODUCTION.

Le nom de la belle province que nous allons parcourir, prenant son histoire pour guide, dessinant ses monuments encore debout et ses ruines, lui vient des Burgondes, peuple germanique, qui, du IVe au Ve siècle, s'établit dans les Gaules. Au commencement de notre récit historique, nous tracerons rapidement comment la Bourgogne étoit habitée par diverses peuplades qui prirent part aux expéditions des Gaulois en Italie, devinrent plus tard les alliées de Rome, et finirent par être conquises par César. Gallo-Romains, Mérovingiens, Carlovingiens, ces peuples commencèrent avec Robert Ier l'époque capétienne, et la fermèrent avec Philippe de Rouvre. De Philippe-le-Hardi à Charles-le-Téméraire cette province prend une grande place dans notre histoire; c'est aussi l'époque de la fondation de ses plus beaux monuments, et, enfin, par l'habile et heureuse politique de nos rois, elle entre dans l'unité françoise.

Ses antiques traditions remontent, comme dans toute la

Gaule, à ses forêts et à ses prêtres celtes. Sacrovir meurt héroïquement près d'Autun; la Celtique devient romaine; *Divio*, Dijon, est fondé; près de cette ville naissante, dans le bocage de Mithra, on élève un tombeau au prêtre Chindonax. Constantin-le-Grand passe près de Châlon-sur-Saône, et là, dit une tradition poétique, il eut la vision mystérieuse qui détermina sa conversion au christianisme. Autun s'illustre par ses temples, ses cirques, ses aqueducs, ses portes et ses monuments funéraires. Bientôt les grandes institutions monastiques se fondent, et les moines, avec les préceptes du christianisme, ensemencent la civilisation. On construit d'abord des ermitages dans les lieux les plus sauvages; les religieux qui les habitent les assainissent, les défrichent; le peuple les entoure, vient chercher près de ces moines un refuge contre la misère, la violence des barbares ou le pouvoir des maîtres des châteaux, et les paroles évangéliques des religieux arrêtent souvent la tyrannie du seigneur féodal. Partout, dans l'Orient et l'Occident, dans le désert de la Thébaïde, dans toute la Syrie, l'Égypte, l'Asie Mineure; dans notre Europe, en Espagne comme en Suède, en Écosse comme en Sicile, dans les steppes de la Pologne, les landes de la Bretagne ou de l'Irlande, par la main laborieuse des moines ou leur voix éloquente, l'espérance entre dans le cœur du pauvre, et les semences plus abondantes de la terre nourrissent plus heureuse sa famille.

La Bourgogne étoit l'une des provinces les plus riches en monuments du moyen âge dans notre France, si riche en magnifiques édifices des siècles passés. Il n'a fallu que quelques années et quelques insensés barbares et cupides pour détruire ce que le génie des beaux-arts avoit élevé chez un grand peuple, pendant plusieurs siècles. Aucune des nations de l'Europe n'a mieux exprimé que la France par ses monuments religieux la foi mélancolique du christianisme. Ses cathédrales, ses nombreuses églises, ses monastères des époques byzantine, romane, ogivale, de la renaissance étoient d'une splendeur et d'une pureté de style qui les ont fait consacrer dans l'histoire des arts comme les plus parfaits modèles de l'architecture chrétienne. Les monastères de Tournus, de Paray-le-Monial, la basilique épiscopale d'Auxerre, Cluny, Cîteaux, plaçoient la Bourgogne au rang de nos magnifiques provinces monumentales. Les ruines et les débris qui nous restent peuvent nous donner une idée de ce qu'étoient les abbayes de Cîteaux et de Cluny, et, à Dijon, le palais des ducs de Bourgogne. Cîteaux, dont les moines étendoient leur influence spirituelle sur le Portugal, tandis que les princes de Bourgogne lui donnoient des rois, abbaye qui comptoit parmi ses affiliés les ordres militaires de Saint-Jacques d'Alcantara, de Calatrava et d'Avis; Cîteaux, enfin, qui avoit eu pour prieur saint Bernard (1)! Cluny, l'une des demeures des Bénédictins, semblable au monastère du mont Cassin, étoit, par son étendue, ses richesses et la science de ses religieux, l'orgueil légitime de l'Église.

La Bourgogne, dans saint Bernard, a la gloire d'avoir donné

(1) Né en 1091, au château de Fontaine, à une demi-lieue de Dijon.

naissance au type accompli du cénobite, professant les plus stoïques vertus; homme d'État sortant du cloître, comme saint Grégoire-le-Grand, Grégoire VII et saint François, son génie le place à côté de saint Charles Borromée, des cardinaux d'Amboise, de Granvelle, de Ximenès, de Richelieu, et, pour l'inspiration, à côté de Bossuet. La puissante parole de l'abbé de Clairvaux ne le cède pas aux plus brillants exemples de l'antiquité. Par son éloquence, à Vézelay, aux bords du Rhin, il forme et précipite des légions pour délivrer les Églises d'Orient, et entraîne les chrétiens à conquérir une seconde fois la Palestine. Puissance admirable d'une parole magnifique que Dieu donne quelquefois à l'homme pour régénérer le monde!

Nous avons encore à signaler les nombreux objets d'antiquité des époques romaine, mérovingienne et carlovingienne trouvés sur divers points du sol de la Bourgogne, notamment ceux qui ont été mis à découvert tout récemment dans les fouilles de Charnay.

La Bourgogne n'est pas moins riche en monuments d'un autre genre qu'on peut aussi fouiller avec profit pour l'histoire. Les archives de son ancienne capitale renferment des trésors trop peu explorés. Il nous suffira de citer au nombre des documents conservés dans ce vaste dépôt l'importante correspondance de Charles-le-Téméraire, indiquant jour par jour la marche de ses armées, et révélant ses projets politiques.

VOYAGES

PITTORESQUES

DANS L'ANCIENNE FRANCE.

BOURGOGNE.

Au moment où César entreprit la conquête des Gaules, cette partie de la Celtique, qui depuis s'appela la province de Bourgogne, étoit habitée par diverses peuplades, parmi lesquelles les Éduens, les Lingons, les Sénonois, les Séquanois, tenoient le premier rang. Ces puissantes tribus avoient autrefois pris une grande part aux expéditions des Gaulois en Italie. Les Éduens, qui possédoient tout le territoire situé entre la Loire et la Saône, et dont la capitale Bibracte étoit la plus considérable et la plus opulente ville des Gaules, avoient sollicité et obtenu, 120 ans avant Jésus-Christ, l'alliance de Rome, à l'occasion d'une guerre qu'ils soutenoient avec désavantage contre les Allobroges et les Arvernes. Cette puissante intervention assura la victoire aux Éduens; les Romains leur accordèrent le droit de bourgeoisie, et donnèrent à Bibracte le titre de *sœur de Rome.* Forts de cet appui, les peuples de la confédération éduenne entreprirent de soumettre à leur autorité les Séquanois, dont ils n'étoient séparés que par le cours de la Saône. Les Séquanois appelèrent à leur secours un prince germain, Arioviste, roi des Suèves, qui les aida à battre les Éduens, mais qui, les traitant lui-même en peuple conquis, les força de lui abandonner les deux tiers de leur territoire. Éduens et Séquanois se réunirent en vain contre ce terrible ennemi; il ne fallut rien moins que l'arrivée des soldats romains pour les en délivrer. A la prière de Divitiac, chef des Éduens et membre du collége des druides, César chassa de la Celtique Arioviste et ses Suèves; mais il y laissa ses légions, qui n'en sortirent plus.

Longtemps fidèles aux Romains pendant la guerre des Gaules, les Éduens se rallièrent enfin à la cause nationale, et se joignirent à l'armée des confédérés gaulois, qui, sous les ordres du généralissime Vercingétorix, se portèrent à la rencontre de César sur les bords de l'Armançon. La fortune de Rome l'emporta encore une fois sur le courage des Gaulois, et Vercingétorix, vaincu, alla se renfermer avec les débris de son armée dans Alise (*Alesia*), place forte des Mandubiens, l'un des peuples soumis aux Éduens. C'étoit un des lieux des plus révérés de la Gaule, et la nation entière croyoit que du sort de cette place dépendoient ses destinées. César, assuré que toute résistance cesseroit dès qu'il se seroit rendu maître de cette ville sacrée, se hâta de l'investir, et déploya dans ce siége mémorable toutes les ressources de son habileté et de son génie. Malgré les efforts désespérés de deux cent quarante mille Gaulois, parmi lesquels on comptoit trente-cinq mille Éduens, Alise fut obligée de capituler, et la Gaule cessa d'exister comme nation indépendante.

Lorsque la Gaule, devenue romaine, reçut, sous Auguste, une nouvelle organisation, la Celtique, à laquelle appartenoit le territoire des Éduens, des Sénonois et des Lingons, prit le nom de Province lyonnoise. Cette appellation lui venoit de la ville de Lyon (*Lugdunum*), récemment fondée par Munatius Plancus dans le pays des Ségusiens, clients des Éduens, et dont les Romains avoient fait la métropole de cette nouvelle province, bien que ce titre semblât revenir de droit à l'antique Bibracte, la capitale des Éduens. Pour dédommager cette grande cité de la perte de sa prééminence, Auguste y fonda des écoles qui ne tardèrent pas à devenir célèbres et florissantes; il la décora de temples, de monuments magnifiques, et voulut qu'elle changeât son nom celtique de Bibracte pour celui d'*Augustodunum* (Autun).

Sous Tibère, un des chefs gaulois qui essayèrent de secouer le joug des Romains fut l'illustre Éduen Julius Sacrovir. « Il étoit, dit Tacite, d'une naissance distinguée, et issu d'aïeux à qui leurs belles actions avoient acquis le droit de cité à Rome. » Ce mouvement d'insurrection échoua contre les puissantes ressources du gouvernement romain. Julius Sacrovir, qui résista le dernier, ayant été battu par C. Silius à douze milles d'Autun, alla se renfermer, après sa défaite, dans une de ses maisons de campagne, où il se donna la mort pour ne point tomber aux mains du vainqueur.

L'empereur Claude, qui proscrivit par des lois cruelles la religion des druides, ouvrit, par compensation, aux nobles gaulois les portes du sénat romain. Les Éduens furent les premiers admis à cet honneur, en considération, dit Tacite, de leur ancienne alliance avec la république. Les peuples de la première Lyonnoise s'associèrent à la révolte de Vindex, qui amena la chute de Néron. Durant les règnes suivants, cette partie de la Gaule fut un moment troublée, sous Vitellius, par l'insurrection, bientôt réprimée, du Boïen Maricus, et sous Vespasien par le mouvement plus sérieux du Batave Civilis et du Lingon Sabinus; mais, après l'issue malheureuse de cette dernière tentative d'indépendance, elle ne s'agita plus que pour des intérêts romains. Sous les Antonins, l'empire n'eut point de sujets gaulois plus dévoués que ceux de la Lyonnoise.

Dès le milieu du IIe siècle après Jésus-Christ le Christianisme pénétra dans cette province, apporté par des missionnaires de l'Église d'Orient. Saint Andoche, saint Bénigne et saint Thyrse prêchèrent la foi nouvelle chez les Éduens et les Lingons, à l'époque même où saint Irénée fondoit l'Église de Lyon. Dans le même temps, Ferréol et Ferjux annoncèrent l'Evangile aux Séquanois; Auxerre fut catéchisée par Pérégrinus. Presque tous scellèrent de leur sang leurs prédications. Les contrées qui virent les martyres de saint Symphorien à Autun, de saint Marcel à Châlon-sur-Saône, de sainte Reine à Alise, précédèrent de beaucoup dans les voies du Christianisme les autres provinces de la Gaule.

Une tradition veut que ce soit sur le territoire des Éduens, près de Châlon-sur-Saône, que Constantin le Grand, se rendant en Italie pour combattre l'usurpateur Maxence, ait eu la vision mystérieuse qui détermina sa conversion au Christianisme, et par suite de laquelle il fit inscrire la croix et le monogramme du Christ sur le *labarum* ou étendard impérial.

En l'année 407, la Gaule fut envahie et parcourue en tous sens par une foule innombrable d'Alains, de Suèves, de Vandales, à la suite desquels marchoient les *Burgondes.* Ceux-ci n'avoient pas la sauvage brutalité des autres peuples barbares : leurs mœurs étoient plus douces, quoiqu'ils eussent conservé toute l'énergique valeur des tribus de race germanique. Ils habitoient dans l'origine un des cantons de la Cassubie, près des rives de la Baltique, entre la Vistule et l'Oder. S'avançant successivement de l'est à l'ouest, ils avoient depuis longtemps abandonné leurs premières demeures pour se fixer dans la Thuringe d'abord, puis sur les bords du Rhin, où ils avoient été convertis au Christianisme par les prédications de saint Sévère, évêque de Trèves. Lorsque les Burgondes pénétrèrent dans la Gaule, leur constitution politique étoit celle de tous les peuples d'outre-Rhin. Ils obéissoient à un chef militaire, électif et révocable, qu'ils appeloient *hondin*, et qui étoit le simple exécuteur des résolutions prises par les assemblées générales de la nation. Ce chef étoit alors Gondicaire, qui, trouvant la Séquanoise à son gré, s'y arrêta, et traita avec le patrice Constance, général d'Honorius, pour l'occupation du pays. Les Burgondes s'engagèrent à défendre le territoire qu'on leur cédoit contre de nouvelles invasions, et reçurent, à cette condition, les titres d'*hôtes* et de *confédérés* de l'empire. En même temps, pour donner plus de stabilité à leur conquête, ils firent de leur chef ou hondin électif un monarque héréditaire, et Gondicaire devint le fondateur de leur dynastie nationale. On pense que ce fut vers 413 qu'il prit la couronne. Genève fut d'abord sa capitale; puis, s'étant emparé de la Viennoise et de la première Lyonnoise, il fixa sa cour à Vienne. Ce premier roi des Burgondes périt, en 436, avec vingt mille guerriers de sa nation, dans une bataille sanglante contre les Huns. Son fils Gondioc joignit à l'héritage paternel la Savoie, qui lui fut cédée par l'empereur Valentinien III. Sous son règne, les Huns, conduits par Attila, ayant ravagé plusieurs de ses villes, entre autres Luxeuil, Besançon et Langres, il s'unit contre eux avec le patrice Aétius, et contribua par son courage à la délivrance d'Orléans et à la grande victoire des champs Catalauniques. Ce fut Gondioc qui régla le partage des terres entre les Burgondes et les Romains, c'est-à-dire les anciens possesseurs. Les premiers eurent pour leur part les deux tiers des terres labourables, la moitié des bois et le tiers des esclaves. Chaque indigène fut obligé de recevoir un Burgonde dans sa maison en qualité d'hôte. Cet arrangement s'effectua, à ce qu'il semble, sans collision, sans violence. Le territoire délaissé aux Burgondes fut divisé en lots (*sortes*), qui furent distribués entre les capitaines et les soldats par la voie du sort. Après la mort de Gondioc, arrivée en 473, son royaume, qui s'étendoit en longueur depuis la Marne jusqu'à la Méditerranée, fut partagé entre ses quatre fils, bien qu'il eût fait couronner avant sa mort un seul d'entre eux, Chilpéric. On croit que ce partage fut ainsi réglé : Chilpéric eut Genève, la Savoie et la haute Provence; Gondomar, Vienne avec le Dauphiné et les pays à la droite du Rhône; Godégésile, les provinces situées le long du Rhin, depuis Bâle jusqu'à Constance; et Gondebaud tout le pays qui fut connu depuis sous les noms de duché de Bourgogne et de Franche-Comté. Gondebaud, le plus habile et le plus ambitieux des quatre frères, supplanta ses trois copartageants; il s'empara des royaumes de Chilpéric et de Gondomar, après les avoir fait périr, et réduisit la part de Godégésile à la ville de Genève et à un faible territoire; mais il trouva dans Clovis, à qui il avoit eu l'imprudence de laisser épouser sa nièce Clotilde, fille de Chilpéric, un adversaire redoutable, et il ne sauva son royaume qu'en payant un tribut au roi des Franks. Gondebaud fixa sa cour à Lyon, et fit œuvre de législateur éclairé en publiant, en 502, dans un intervalle de paix, la loi Gombette (*lex Gondobaldi*). Ce code célèbre, rédigé par des jurisconsultes gallo-romains à l'usage d'un peuple germanique, présente un mélange curieux de droit romain et de coutumes barbares; cependant, une part assez large y est faite au principe civilisé, à la société romaine; et l'impartialité, comme l'a remarqué Montesquieu, en forme le caractère essentiel. L'administration gratuite de la justice est particulièrement recommandée dans la loi Gombette. Le législateur prononce la peine de mort contre les juges prévaricateurs; il défend aux dispensateurs de la justice de recevoir des présents, et condamne à une amende de 12 sous d'or ceux qui laisseroient sans décision les procès instruits. Ce code consacre la peine du talion, et institue le combat judiciaire. L'hospitalité y est prescrite comme un devoir rigoureux : « Quiconque refusera son toit et son foyer à un étranger payera 3 sous d'or d'amende; il en payera 6, si cet étranger est un convive du roi. » A côté d'un grand nombre d'améliorations relatives, ou plutôt de transactions entre l'état barbare et la civilisation, Gondebaud avoit décrété des pénalités bizarres pour des délits secondaires : l'homme qui avoit volé un épervier étoit condamné à se laisser manger par cet oiseau six onces de chair sur l'estomac, ou à payer 6 sous d'or d'amende et 2 sous de dédommagement. On voit, dans le préambule de ce code, que la nation se divisoit en trois classes, non compris les esclaves : l'*optimate* burgonde ou bourguignon, le *noble* romain, formoient la première; les hommes libres de l'une et de l'autre origine composoient la seconde; dans la troisième étoient compris les *tributaires*.

Gondebaud, qui avoit embrassé l'arianisme, mourut en 516, laissant deux fils, Sigismond et Gondomar. L'aîné, Sigismond, rentra dans le sein du catholicisme, et porta sur le trône les vertus d'un cénobite plutôt que celles d'un roi; il fonda des monastères et ne sut pas défendre son royaume : tombé aux mains des rois franks, fils de Clovis et de Clotilde, l'un d'eux, Clodomir, roi d'Orléans, le fit précipiter dans un puits.

Gondomar succéda à son frère en 524, et régna dix années, au milieu de guerres continuelles et presque toujours malheureuses contre les Franks et les Allemands. Assiégé dans Autun par Clotaire et Childebert, il s'échappa au moment où la ville alloit être contrainte d'ouvrir ses portes, et disparut sans qu'on entendît plus jamais parler de lui. Les seigneurs de Bourgogne, las de la guerre, capitulèrent avec les rois franks, et se soumirent sous la condition expresse de conserver leurs lois et de ne point payer à leurs nouveaux maîtres d'autres subsides que ceux qu'ils avoient payés à leurs anciens rois. Ainsi finit, en 534, la dynastie de Gondicaire et le premier royaume de BOURGOGNE. Les Burgondes, complétement absorbés par les Franks, disparurent peu à peu comme race distincte, et il ne reste d'eux, depuis treize siècles, que le nom qu'ils ont légué à l'une des plus riches provinces de la France.

Lorsque, après la mort de Clotaire Ier, qui avoit réuni sur sa tête toutes les parties de la monarchie franque, le partage de ses États eut lieu entre ses quatre fils, Chilpéric, Sigebert, Gontran et Caribert, le royaume de Bourgogne et celui d'Orléans échurent à Gontran : ce prince ne voulut jamais être appelé que roi de BOURGOGNE, et fixa sa résidence à Châlon-sur-Saône. C'étoit un roi plutôt faible que bon; mais, dans les temps affreux où il vécut, ses qualités négatives pouvoient aisément passer pour des vertus. Plein de zèle pour les intérêts de la religion, Gontran bâtit des églises et fonda plusieurs abbayes, entre autres celle de Saint-Marcel, près Châlon-sur-Saône. C'est là qu'il fut inhumé en 593. Dans un des conciles tenus à Mâcon sous son règne, on agita sérieusement la question de savoir « si les femmes ont une âme, et doivent être qualifiées créatures humaines »; question étrange et ridicule aujourd'hui, mais qui peut s'excuser jusqu'à un certain point chez les contemporains de Frédégonde et de Brunehaut, opinion de Mahomet, qu'il n'a pas voulu résoudre dans son *Coran*, et qui contribuera à la ruine de l'islamisme.

Les successeurs de Gontran au titre de roi de BOURGOGNE furent Childebert, roi d'Austrasie, son neveu, en 593; Thierry, fils de Childebert, en 594, et Sigebert, fils de Thierry, en 613; ces princes avoient leur résidence à Autun; ils représentoient trois générations issues de Brunehaut, et tous trois régnèrent sous l'influence ou sous la tutelle de cette reine. Après une longue période de guerres, d'intrigues et de meurtres, les Bourguignons et les Austrasiens, dans l'espoir d'une condition meilleure, s'offrirent au fils de Frédégonde, à Clotaire II, roi de Soissons. On sait comment Clotaire fit mettre à mort le roi Sigebert, sous les yeux de son aïeule, et quel supplice atroce il infligea à Brunehaut elle-même. Le corps de cette princesse, mis en lambeaux, avoit été ensuite consumé par les flammes; mais ses cendres, pieusement recueillies par quelques membres du clergé, furent transportées dans l'abbaye de Saint-Martin d'Autun, qu'elle avoit fondée, et enfermées dans un tombeau de marbre blanc. Le souvenir des crimes de Brunehaut s'est effacé presque entièrement devant les monuments de sa libéralité et de son génie administratif; elle n'avoit pas seulement doté des églises et des monastères, elle avoit fait réparer les anciennes voies romaines, que le peuple a toujours appelées depuis *chaussées de Brunehaut;* son nom est aussi resté attaché à un grand nombre de châteaux et de monuments militaires : on voit encore à Auxerre la *Tour de Brunehaut.*

Après la mort de Clotaire II (628), le royaume de BOURGOGNE fut réuni à la Neustrie et eut successivement pour rois Dagobert et Clovis II. A la fin de ce dernier règne commence la période de décadence des princes mérovingiens, pendant laquelle les véritables maîtres de la monarchie furent les maires du palais. Cette période est principalement marquée dans l'histoire de la BOURGOGNE par l'administration bienfaisante de saint Léger (*Leodegarius*), évêque d'Autun, et par la sanglante tyrannie d'Ébroïn. Celui-ci avoit si fortement engagé les seigneurs et les prélats bourguignons dans sa querelle contre la famille des Pepins, que, quand le triomphe de cette puissante maison eut été assuré par la bataille de Testry (690), la BOURGOGNE perdit son indépendance, ses priviléges et son titre de royaume. Pepin d'Héristal, devenu maire du palais, s'en empara comme d'un patrimoine; et son fils Charles Martel, dont elle avoit refusé de reconnoître l'autorité, la traita en pays conquis. Il partagea cet ancien royaume entre ses plus dévoués partisans; les Austrasiens eurent tous les bénéfices enlevés à leurs anciens possesseurs, et les Bourguignons furent exclus de toutes les magistratures. On a dit, mais sans preuves et sans vraisemblance, que, dans l'espoir de recouvrer leurs anciens droits, les seigneurs et les prélats de Bourgogne favorisèrent la seconde invasion des Sarrasins en 737. Mâcon, Châlon-sur-Saône, Autun, Beaune, Dijon et Auxerre furent brûlés et pillés par ces terribles ennemis. Charles Martel, après les avoir chassés une seconde fois, s'appropria définitivement la Bourgogne, et la donna en apanage à l'un de ses fils, Pepin le Bref. Celui-ci fut obligé d'y établir son autorité par la force des armes, et les Bourguignons, subjugués, ne conservèrent de leur ancienne existence politique que les lois de Gondebaud.

Sous le règne de Pepin, la Bourgogne eut à souffrir d'une invasion du duc d'Aquitaine Gaiffer ou Waiffer, qui, en 761, dévasta tout le pays entre Autun et Châlon-sur-Saône, dont il brûla les faubourgs, et ne se retira qu'à l'approche du roi de France.

Cette province, désormais confondue dans le vaste empire des Carlovingiens, participa aux améliorations que le glorieux empereur Charlemagne essaya d'introduire dans l'administration de ses États. Les écoles de Châlon-sur-Saône, d'Autun et d'Auxerre tenoient alors un rang distingué parmi les écoles ecclésiastiques. Les fils de Charlemagne et de plusieurs de ses successeurs furent instruits dans l'abbaye de Saint-Germain d'Auxerre. Le grand empereur n'oublia point la Bourgogne dans ses pieuses libéralités : il fit rendre à la cathédrale d'Autun les biens que lui avoit enlevés Charles Martel; les cathédrales de Mâcon et de Châlon, dévastées par les Sarrasins, furent relevées à ses frais. Il restaura les abbayes de Saint-Jean d'Autun et de Flavigny, et fonda, selon la tradition, celle de Saint-Andoche, à Saulieu.

Louis le Débonnaire, en abolissant la loi Gombette (817), effaça le dernier vestige de la nationalité bourguignonne. Par le partage anticipé que ce faible monarque fit de l'empire entre ses enfants, la Bourgogne se trouva comprise dans le lot de Lothaire, l'aîné. Pendant la guerre impie que ces fils révoltés firent à leur père, deux des principaux seigneurs bourguignons, Warin de Vergy, comte de Châlon, et Bernard, comte d'Autun, se signalèrent parmi les plus fidèles partisans de l'empereur : aussi leur pays fut-il ravagé par les troupes de Lothaire, qui ruinèrent Mâcon et incendièrent Châlon.

L'année qui suivit la mort de Louis le Débonnaire fut marquée par la célèbre bataille de Fontenay, près de Chablis en BOURGOGNE (841), livrée entre Lothaire et ses deux frères, Louis le Germanique et Charles le Chauve. Aux termes du traité de Verdun en 843, la haute BOURGOGNE et ses annexes du nord et du midi, c'est-à-dire toutes les contrées situées à l'est de la Saône et du Rhône, depuis la Meuse jusqu'à la Méditerranée, furent attribuées à l'empereur Lothaire, aussi bien que l'Austrasie. Charles le Chauve eut, outre la Neustrie et l'Aquitaine, la basse BOURGOGNE, c'est-à-dire la portion de cet ancien royaume située à l'ouest de la Saône; c'est ce qui forma depuis le duché de BOURGOGNE. De là, la dénomination de *Terre de l'empire*, donnée au pays de la rive gauche de la Saône, et celle de *Terre du roi*, donnée au pays de la rive droite.

Charles le Chauve ayant, en 877, constitué la féodalité par le capitulaire de Kiersy-sur-Oise, qui autorisoit la transmission héréditaire des offices de ducs et de comtes, le duché de BOURGOGNE devint un des grands fiefs de la couronne. Charles le Chauve en investit son beau-frère Richard le Justicier, comte d'Autun, fils de Bavon, comte des Ardennes. Richard défendit son duché contre son frère Boson, qui, s'étant fait proclamer roi de la BOURGOGNE cisjurane, essayoit d'étendre sa domination au delà de la Saône, et repoussa, quelques années après, une invasion des Normands. Sous l'administration de ce premier duc fut fondée, en 910, la célèbre abbaye de Cluny par Guillaume le Pieux, duc d'Aquitaine. A Richard le Justicier succéda son frère Raoul, qui, ayant été élu roi de France après la déchéance de Charles le Simple, céda son duché à son beau-frère Gislebert de Vergy. Hugues le Noir, frère de Raoul, et Hugues le Blanc, comte de Paris, disputèrent la possession de la

Bourgogne à Gislebert, qui finit par céder ses droits à Hugues le Blanc. Celui-ci, mort en 956, laissa trois fils : Hugues Capet, souche de la race capétienne des rois de France; Othon ou Eudes, et Henri, qui furent successivement ducs de Bourgogne. La longue administration de Henri fut favorable au pays; ce prince passa sa vie à corriger les abus, à maintenir le bon ordre, à soulager les malheureux, et mérita le surnom de *Grand.* Il mourut en 1002, dans son château de Pouilly-sur-Saône, et fut inhumé à Saint-Germain d'Auxerre, à côté de son frère Othon. Il ne laissa point d'enfants, mais un fils adoptif, Othe-Guillaume, fils d'un premier mariage de sa femme Gerberge avec Adalbert, marquis d'Ivrée. Othe-Guillaume, qu'on surnomma *l'Étranger,* à cause de sa naissance, lutta pendant treize ans contre le roi Robert pour la possession du duché de Bourgogne. Cette longue guerre se termina par un accord suivant lequel Othe-Guillaume se contenta d'une portion de la succession de son père adoptif, sous le titre de comte de Dijon. Le roi Robert donna le duché en apanage à son fils Henri; et lorsque ce dernier devint roi de France sous le nom de Henri Ier (1031), il le céda à son frère Robert, qui fut le chef de la première race des ducs de Bourgogne issus de la dynastie capétienne.

Douze princes de cette maison ont porté la couronne ducale de Bourgogne, la première pairie du royaume, de laquelle relevoient les huit comtés de Dijon, de Mâcon, de Châlon-sur-Saône, d'Auxonne, de Semur, de Nevers, d'Auxerre et de Charolois.

Au premier de ces ducs, Robert Ier, dit le Vieux (1031—1075), succéda son petit-fils Hugues Ier, qui, après un gouvernement paisible, s'enferma dans l'abbaye de Cluny, et abdiqua l'autorité ducale en faveur de son frère Eudes Ier, surnommé Borel. La retraite de Hugues fut considérée comme une calamité publique; les plaintes des Bourguignons parvinrent jusqu'à Rome, et furent approuvées du pape Grégoire VII, qui écrivit à l'abbé de Cluny : « Vous avez enlevé, ou du moins vous avez accueilli dans votre solitude le duc de Bourgogne, et vous avez par là ôté à cent mille chrétiens leur unique protecteur. Si vous n'étiez pas touché de nos exhortations et ne vouliez pas exécuter nos ordres qui vous le défendoient, au moins eussiez-vous dû être sensible aux gémissements des pauvres, aux larmes des veuves, aux cris des orphelins, et craindre que la ruine des églises, la douleur et les murmures des prêtres n'attirassent sur vous les effets de la colère de Dieu.» Le duc Eudes Ier fut l'un des fondateurs de l'abbaye de Cîteaux, et mourut à Tarse en Cilicie, dans un voyage qu'il avoit entrepris pour visiter à Jérusalem le tombeau du Sauveur. Après lui vinrent son fils Hugues II et son petit-fils Eudes II, princes pacifiques; puis Hugues III, qui prit part à la croisade en 1171, et à son retour de Palestine accomplit un vœu qu'il avoit fait au milieu d'une tempête, en fondant la Sainte-Chapelle de Dijon. Après avoir établi, en 1187, la commune de cette ville, il repartit pour la terre sainte avec Philippe-Auguste. Il s'y distingua par sa bravoure, qui lui mérita l'honneur de commander l'armée des croisés françois après le départ du roi; mais sa mésintelligence avec le roi d'Angleterre Richard Cœur de Lion contribua, suivant les chroniqueurs contemporains, à empêcher la conquête de Jérusalem. « Hugues fut, dit Joinville, un moult bon chevalier de sa main, et chevalereux, mais ne fut oncques tenu à saige ne à Dieu ne au monde.» Il mourut à Tyr, en 1192. Sous son règne parurent en Bourgogne la secte hérétique des *cottereaux*, dont plusieurs furent brûlés dans le village d'Aquin, près Vézelay, et les bandes redoutables des *capuciés*, association qui, sous le prétexte de mettre un terme aux guerres civiles, se livroit aux plus affreux brigandages. Les milices des communes et les vassaux de l'évêque d'Auxerre les dispersèrent, après en avoir tué un grand nombre. Hugues III avoit eu de sa première femme, Alix de Lorraine, Eudes III, qui lui succéda, et Alexandre, qui devint la tige des seigneurs de Montaigu, de Conches et de Sombernon, dont la dernière héritière épousa Hugues de Rabutin. Béatrix, comtesse de Vienne, fut la seconde femme de Hugues, et lui donna un fils nommé André, souche des dauphins de Viennois. Eudes III hérita des inclinations guerrières de son père. Il se mit, en 1202, avec Baudouin, comte de Flandre, à la tête de la quatrième croisade, et contribua à la prise de Constantinople et à la fondation de l'empire des Latins en Orient. En 1209 il fut choisi pour chef de l'expédition contre les Albigeois, et il s'honora en refusant de s'enrichir de la dépouille de Raymond VI, comte de Toulouse. Quelques années plus tard le duc Eudes seconda le roi Philippe-Auguste dans la guerre de Flandre, et se distingua à la bataille de Bouvines (1214). Il mourut, en 1218, à Lyon, comme il se disposoit à partir pour une nouvelle expédition dans la terre sainte. Hugues IV, son fils, appelé au trône ducal de Bourgogne à l'âge de six ans, fut placé sous la tutelle de sa mère Gabrielle de Vergy, qui gouverna le duché avec beaucoup de sagesse et d'habileté. Quand sa tâche de tutrice fut accomplie, elle se retira dans son domaine de Prénois, près de Dijon, où elle faisoit valoir, dit Pérard, *deux charrues à bœufs et un troupeau de cinq cents moutons;* c'étoit une grande exploitation agricole à cette époque. Hugues IV suivit saint Louis dans la croisade de 1248, et partagea la captivité du roi de France après le malheureux combat de la Massoure. Ayant racheté sa liberté, il revint dans ses États avec le vain titre de roi de Thessalonique, que lui avoit accordé l'empereur Baudouin, et mourut en 1272. Plusieurs villes de Bourgogne durent à ce prince leur affranchissement, entre autres Auxerre, Saulieu, Auxonne, Châlon-sur-Saône, Montbard et Louhans. Saint Louis, après avoir acheté du comte Gérard le comté de Mâcon, y avoit établi un bailliage royal, nouvelle juridiction créée pour contre-balancer les justices des seigneurs. Hugues IV, à son exemple, institua des baillis dans deux de ses comtés, Dijon et Châlon-sur-Saône. Robert II, successeur de Hugues IV, son père, au duché de Bourgogne, prit part à la guerre que les François firent en Sicile, en représailles des *Vêpres siciliennes* (1282). Philippe le Bel lui donna les charges de grand chancelier de France et de gouverneur du Lyonnois. Il mourut en 1305, laissant de son mariage avec Agnès de France, fille de saint Louis, Hugues V et Eudes IV, qui furent l'un après l'autre ducs de Bourgogne, et plusieurs filles, notamment la trop fameuse Marguerite de

Bourgogne, femme du roi de France Louis le Hutin. Hugues V, mort en 1315 ayant à peine atteint sa majorité, eut pour successeur son frère Eudes IV, qui hérita, en vertu du droit de sa femme Jeanne de France, fille de Philippe le Long, des comtés de Bourgogne et d'Artois (1330). Ainsi se trouvèrent réunies les deux Bourgognes qui avoient été séparées depuis Louis le Débonnaire. Eudes, à la tête de quarante-deux bannerets bourguignons, seconda valeureusement Philippe de Valois dans sa guerre contre les Anglois et les Flamands (1340). Il avoit cédé à Philippe, prince de Tarente, moyennant 40,000 livres, sa royauté nominale de Thessalonique. Ce fut sous le gouvernement d'Eudes IV que trois évêques, bourguignons de naissance, se réunirent pour fonder à Paris (1346) le collége de Cambrai, aujourd'hui collége de France. Ces prélats étoient Hugues de Pomard, évêque de Langres; Hugues d'Arcy, évêque de Laon, et Guillaume d'Auxonne, évêque de Cambrai. Déjà, au siècle précédent, un abbé de Cluny, Yves de Vergy, avoit institué le collége de Cluny pour les religieux de son ordre qui viendroient étudier à Paris, dont l'université étoit depuis longtemps célèbre. Le duc Eudes IV, mort en 1349, n'avoit eu de son mariage avec Jeanne de France qu'un fils, Philippe de Bourgogne, marié à Jeanne de Boulogne, et tué au siége d'Aiguillon en 1346. Celui-ci laissoit un fils en bas âge, Philippe dit *de Rouvre*, qui hérita du duché de Bourgogne à la mort de son grand-père. La tutelle fut exercée par sa mère Jeanne de Boulogne et par le roi Jean, qu'elle épousa dans l'année même de son veuvage. Ce roi voulut établir en Bourgogne la gabelle; mais les états s'y opposèrent énergiquement, et le projet fut ajourné. Après le désastre de Poitiers (1356), la Bourgogne fut envahie par les Anglois, et les villes de Châtillon, d'Auxerre, de Tonnerre, de Saulieu, brûlées ou saccagées. Les Anglois firent de Flavigny leur place d'armes, d'où, pendant trois mois, ils ne cessèrent de ravager le pays; ils s'avancèrent jusqu'aux faubourgs de Dijon; enfin le traité de Guillon-en-Auxois, conclu entre les états de Bourgogne et les capitaines anglois (10 mars 1359), débarrassa le duché de ce fléau. On paya pour la rançon de la province 100,000 moutons d'or. Philippe de Rouvre, devenu majeur en 1360, prit le gouvernement de son duché; mais, l'année suivante, il mourut sans postérité, et en sa personne s'éteignit la première race capétienne des ducs de BOURGOGNE, issus du roi Robert le Pieux. Les princes de cette première dynastie ducale portoient : de BOURGOGNE ANCIEN, suivant l'expression héraldique, c'est-à-dire : *coticé d'or et d'azur de six pièces, à la bordure de gueules.*

Le roi Jean, à qui le traité de Brétigny venoit de rendre pour un moment la liberté, se saisit du duché de BOURGOGNE à titre d'héritage, l'incorpora à la couronne, et en fit donation, en 1361, à son quatrième fils Philippe le Hardi, sous la condition de reversibilité à la couronne de France à défaut d'héritiers. Philippe prit possession de son domaine ducal à la mort de son père en 1364. Ainsi commence la série des ducs de BOURGOGNE de la maison de Valois, qui a fourni seulement quatre générations : Philippe le Hardi, de 1364 à 1404; Jean sans Peur, de 1404 à 1419; Philippe le Bon, de 1419 à 1467, et Charles le Téméraire, de 1467 à 1477. L'histoire de ces puissants princes, écrite de nos jours avec un admirable talent par un de nos plus éminents historiens, se mêle tellement à l'histoire de la maison de France et aux grands événements du XVe siècle, qu'elle appartient autant aux annales générales de cette époque qu'à celles de la BOURGOGNE. Nous ne pouvons noter ici que les faits dont cette province a été le théâtre ou dans lesquels elle se trouve intéressée.

Dans les premières années du gouvernement de Philippe le Hardi, la BOURGOGNE fut ravagée par les troupes du prince Noir, que l'approche de du Guesclin suffit pour éloigner. Au fléau des Anglois succéda bientôt celui des grandes compagnies, bandes redoutables formées de soldats mercenaires de tous les pays, qui, sous les noms d'Écorcheurs, de Retondeurs, de Tard-Venus, infestèrent la France, et particulièrement le duché de BOURGOGNE en 1369. « Une de ces bandes, dit un historien, s'acharna sur le Mâconnois, et ne s'en détacha que lorsqu'elle fut entièrement gorgée comme une sangsue. » D'autres bandes s'étoient cantonnées à Villaine-les-Prevôtés, près de Semur en Auxois, à la Vesvre, près d'Autun, à Pesme-sur-Saône. L'une d'elles manqua d'enlever le duc Philippe pendant qu'il résidoit dans son château de Rouvre, à deux lieues de Dijon. Ce prince poursuivit à outrance les Écorcheurs; mais ce fut encore du Guesclin qui en délivra le pays en les emmenant pour guerroyer en Castille contre Pierre le Cruel. Après les compagnies vinrent les *Jacques.* Philippe, à la tête des milices communales, en purgea le duché, et refoula la Jacquerie en Alsace, où elle fut exterminée par l'empereur Charles IV. Par son mariage avec Marguerite de Flandre, qui lui avoit apporté les comtés de Flandre, d'Artois, de Bourgogne, de Rethel et de Nevers, le duc Philippe le Hardi étoit devenu l'un des plus puissants princes de l'Europe. Lorsqu'il résidoit en Bourgogne, il faisoit son séjour habituel au château de Rouvre et y tenoit un grand état. Il donnoit beaucoup de soin à l'administration de son duché; mais comme il étoit habitué à faire de fréquentes et longues absences pour le service du roi son frère, il établit Eudes de Grancey gouverneur de la Bourgogne, lui confiant tout pouvoir de veiller à la défense du pays; l'autorisant à rassembler des gens d'armes, à contraindre les communes de s'armer pour garder les villes et bourgs. En 1386, le duc Philippe établit la chambre des comptes de Dijon, à l'instar de celle de Paris, et l'année suivante, dans un parlement tenu à Beaune, il rendit une ordonnance contre les Lombards des deux Bourgognes qui ruinoient le pays par leurs usures. En 1390, il acheta des fils du comte d'Armagnac, au prix de 60,000 écus d'or, le comté de Charolois, que ces seigneurs tenoient en fief relevant du duché de Bourgogne. Lorsque ce prince, un des plus remarquables de son temps, mourut en 1404 au château de Hall en Brabant, son corps fut transporté dans la Chartreuse de Dijon, qu'il avoit fondée. Son tombeau est un des plus beaux monuments de l'art du moyen âge. Philippe le Hardi avoit le goût de toutes les magnificences. Ami des arts et des lettres, il consacra des sommes considérables à former sa bibliothèque. Il acheta 500 francs d'or, de Dyne Raponde, Lombard, un Tite-Live illustré de lettres d'or et d'*imaiges*. Un traité *De la Propriété des choses* lui coûta 400 écus d'or; il fit marché avec les frères Manuel, à 20 sols par jour pendant quatre ans, « pour faire les histoires d'une très-belle et notable Bible, » et il donna en outre « à maître Jehan Durand, son physicien, 600 livres pour employer ès écritures d'icelle Bible. » Une de ses grandes dépenses étoit la musique de sa chapelle : il y mit un faste inconnu jusqu'alors, et fort supérieur à ce qui s'étoit fait chez les rois les plus pieux. Les présents innombrables qu'il faisoit, les pensions qu'il accordoit à ses serviteurs, le nombre prodigieux d'officiers de toute sorte dont il forma la cour de Bourgogne, contribuèrent à l'élever au-dessus des autres princes. Aussi arriva-t-il que, monté au faîte de sa puissance, maître de vastes États, il ne laissa pas de quoi payer sa sépulture ni acquitter les dépenses journalières de sa maison. La princesse sa femme, craignant que les meubles et biens qu'elle possédoit en commun avec son mari ne fussent pas suffisants pour satisfaire les créanciers, fit ce que les plus chétives bourgeoises ne faisoient pas sans honte : elle renonça authentiquement à la communauté, et s'en vint, dit-on, en signe de cette renonciation, déposer, selon la coutume, sa bourse, son trousseau de clefs et sa ceinture sur le cercueil de son mari.

Jean sans Peur, que le duc Philippe le Hardi, son père, alors régent du royaume, avoit placé, en 1396, à la tête des François envoyés au secours des Hongrois contre Bajazet, étoit tombé au pouvoir des Turcs à la bataille de Nicopolis. Toute la Bourgogne s'imposa pour acquitter sa rançon. Il s'en souvint à son avénement au trône ducal; il diminua les impôts qui pesoient sur le peuple, et révoqua une loi prohibant l'exportation du blé hors des frontières de la Bourgogne. On sait comment l'ambition et la jalousie s'unirent dans le cœur de Jean sans Peur pour le pousser au meurtre du duc d'Orléans (1407), et quelles furent pour la France les désastreuses conséquences de ce crime d'un prince du sang royal. Le duc de Bourgogne avoit obtenu du conseil des lettres d'abolition; mais il n'en subit pas moins la peine du talion; il fut assassiné au pont de Montereau, sous les yeux du Dauphin, en 1419.

Jean sans Peur fut regretté de ses sujets, pour lesquels il s'étoit montré toujours bienveillant. Philippe Jossequin, favori de ce prince, fut soupçonné de complicité avec les assassins du duc de Bourgogne. Les Dijonnois, indignés, rasèrent la maison qu'il possédoit dans leur ville, et qui étoit *moult notable,* dit un vieil annaliste. Ce fut sous Jean sans Peur que les religieux de l'ordre de Saint-Dominique s'établirent en Bourgogne; ils y furent amenés par saint Vincent Ferrier, et se fixèrent à Mâcon en 1417.

Philippe le Bon, qui succéda à Jean, son père, fut le prince le plus puissant et le plus magnifique de sa race. On sait que, pendant les seize premières années de son règne, Philippe, livré à une seule pensée, celle de venger la mort de son père, fit constamment la guerre à la France, aida l'étranger à déchirer le sein de la patrie, et fut le principal négociateur de ce honteux traité de Troyes qui livroit la couronne aux Anglois. Le traité d'Arras en 1435 scella sa réconciliation avec Charles VII; mais, dans les conditions de la paix, tous les sacrifices furent du côté du roi. Il abandonna au duc Philippe les comtés d'Auxerre, de Mâcon, de Bar-sur-Seine, la seigneurie de Saint-Gengoux, la garde de l'abbaye de Luxeuil et plusieurs villages de Picardie. A ce prix le duc de Bourgogne aida efficacement Charles VII à rentrer dans Paris, et à chasser les Anglois du royaume. Philippe le Bon avoit créé (1429), à l'occasion de son mariage avec Isabelle de Portugal, l'ordre de la Toison d'Or, transporté depuis en Espagne et en Autriche. Il fonda l'Université de Dôle pour les deux Bourgognes, et fit rédiger les coutumes du duché; on assure qu'il prit personnellement une grande part à cette rédaction. On vit sous son règne une nouvelle apparition des *Écorcheurs* en Bourgogne; ils avoient pour chef Villandras, Antoine de Chabannes et Alexandre, bâtard de Bourbon. Le maréchal de Fribourg finit par les exterminer dans un combat livré à Chanteau, près de Saulieu. En 1460, le duc Philippe le Bon possédoit cinq duchés à hauts fleurons, quinze comtés d'ancienne création et un nombre infini d'autres seigneuries. Aussi les pères du concile de Bâle lui avoient-ils donné séance immédiatement après le roi. Quelques souverains orientaux lui décernoient le titre de *grand-duc d'Occident*. Ce prince mourut à Bruges en 1467, et fut inhumé aux Chartreux de Dijon. Malgré le faste qu'il déployoit dans sa cour, il laissa une épargne considérable, et personne ne lui reprocha de s'être enrichi aux dépens de ses sujets, car, s'il faut en croire Saint-Julien de Baleure, « il mit ses pays en si haute paix et heureuse tranquillité, qu'il n'y avoit si petite maison bourgeoise en ses villes où l'on ne bût et mangeât en vaisselle d'argent.»

Toute cette prospérité, tombée aux mains d'un insensé, fut bientôt dissipée. L'histoire de Charles le Téméraire, fils et successeur de Philippe le Bon, n'appartient à la Bourgogne que par les malheurs qu'il lui causa.

Le duc Charles s'occupa peu du bien-être de ses sujets bourguignons, et passa loin d'eux la plus grande partie de sa vie si agitée. Ce fut seulement après sept années de règne, en 1474, qu'il fit sa première entrée dans la capitale de son duché. Les chroniques racontent cette entrée solennelle avec des détails qui ne sont pas sans intérêt, et que nous reproduisons d'après M. de Barante : « Le duc prit sa route par Béfort, Montbéliard, Baume-les-Dames, Besançon, et arriva à son château de Rouvre, près de Dijon; puis, s'approchant de la ville, il se logea à Périgny, chez le sire Guillaume Rolin, fils de l'ancien chancelier de Bourgogne; là se firent les plus magnifiques préparatifs pour solenniser sa première entrée à Dijon. Avant qu'il se mît en marche, il reçut d'abord les députés des villes et communautés de la province, du Mâconnois, du Charollois, de l'Auxerrois, de la comté de Bourgogne; puis se présentèrent les gentilshommes, conduits par le comte de Roussi, gouverneur. Le duc Charles étoit entouré des gens de son hôtel, qui formoient une suite nombreuse. Son habillement étinceloit de perles et de diamants; son chapeau étoit de drap d'or, et taillé en forme de couronne. A sa gauche étoit le cardinal Rolin, évêque d'Autun. Il se mit en marche, et, au pont de Chièvres, le clergé et le chapitre de Saint-Bénigne vinrent lui apporter les saintes reliques à baiser; puis il remonta à cheval, et vint se placer sous un dais de drap d'or soutenu par les sires Louis de Châlon, Charles de Beauffremont, Jean de Ternant et Gui de la Baume. Depuis le pont de Chièvres jusqu'à la porte de la ville on avoit dressé une suite d'estrades; elles portoient des représentations tirées des saintes Écritures et des personnages allégoriques tenant à la main des rouleaux de parchemin où se lisoient des citations des psaumes toutes relatives à la circonstance, toutes à la louange du duc. L'histoire de Gédéon n'étoit pas oubliée; en de telles occasions elle servoit toujours à célébrer l'ordre de la Toison d'Or. On voyoit ce personnage biblique, à la tête de ses hommes d'armes, faisant porter devant lui sa bannière avec la devise : *Gladius Domini et Gedeonis*, tandis que les Madianites s'enfuyoient. Un Ange tenoit un rouleau où on lisoit : *Dominus tecum, virorum fortissime.*

« Le duc descendit à Saint-Bénigne; il alla d'abord faire sa prière à l'autel, puis s'assit sur un trône élevé et sous un dais. Alors l'abbé de Cîteaux fit un discours au nom des états du duché. Le chancelier répondit, et le prince ajouta quelques paroles pour assurer la province de son affection. Ensuite maître Estienne Berbisey, maire de Dijon, pria le duc de confirmer les priviléges de la ville. Aussitôt après il fit serment, ainsi que les députés des villes, et le vieil abbé de Saint-Bénigne, qu'on étoit obligé de porter et de soutenir, plaça au doigt du duc l'anneau, gage d'union, et, comme on disoit, de mariage entre le prince et ses sujets.

« De Saint-Bénigne le cortége se rendit à la Sainte-Chapelle. Sur son passage on continuoit à voir des échafauds avec des personnages et des devises se rapportant presque tous à la vaillance du duc et à la terreur qu'il inspiroit à ses ennemis. On eût dit que tous les passages de la Bible où il est parlé du lion avoient été choisis pour lui donner les louanges qu'il aimoit le mieux. » Le lion, le plus vaillant des animaux, ne cédera devant l'attaque de personne. -- Il fut fait semblable au lion dans ses œuvres. — Le lion ne se couchera point qu'il n'ait dévoré sa proie. -- Le lion a vaincu. — Confiant et sans peur comme le lion. »

« Le lendemain, le duc tint les états de BOURGOGNE. Après avoir entendu avec les députés une messe solennelle à Saint-Bénigne, il revint au palais, et tint séance, puis donna aux gens des états, prélats, nobles et députés des villes, un festin où l'on admira sa splendide vaisselle d'or et d'argent. Après dîner, il réunit encore autour de lui les députés, et leur fit un beau discours sur l'ancien royaume de BOURGOGNE, dont jadis les rois de France s'étoient emparés sans nul droit, et qu'ils avoient converti en un duché vassal et tributaire (1). »

Après ses défaites de Granson et de Morat, Charles le Téméraire demanda vainement aux états du duché des hommes et des subsides pour relever ses affaires. Ils lui déclarèrent nettement que ses peuples ne pouvoient s'associer à une guerre aussi injuste qu'inutile.

On sait comment ce prince périt sous les murs de Nancy en 1477. En lui finit cette maison de BOURGOGNE-VALOIS qui, représentée alors par un autre chef, eût peut-être compromis les destinées de la France et le développement de son unité.

Le duc Charles laissoit une fille unique, Marie de BOURGOGNE, âgée de dix-neuf ans. Louis XI pouvoit dès ce moment réunir à la couronne de France les vastes États dont cette princesse héritoit en la mariant au Dauphin; mais la haine que ce cauteleux monarque portoit à la maison de BOURGOGNE l'égara dans sa politique ordinairement si habile. Il se déclara d'abord prêt à fiancer son fils à Marie de BOURGOGNE; puis il envoya des troupes dans le duché, et, moitié par ruse, moitié par force, il parvint à dépouiller la fille de Charles le Téméraire de cette portion de l'héritage paternel; mais en éludant la promesse qu'il avoit faite de marier au Dauphin l'héritière de BOURGOGNE, et en forçant cette princesse à épouser l'archiduc Maximilien, il livra à la maison d'Autriche les plus belles provinces des Pays-Bas.

Ce fut en 1479 que Louis XI reçut, à Dijon, la soumission des états de BOURGOGNE, et prit solennellement possession du duché, suivant la

(1) *Hist. des Ducs de Bourgogne de la maison de Valois*, t. X, p. 144.

forme usitée, après avoir juré « de maintenir tous les sujets d'icelui duché, à toujours, en leurs droitures, franchises, libertés, prérogatives et priviléges, sans qu'aucune nouvelleté puisse y être faite. » Il fit aussi serment, dans l'église de Saint-Bénigne, de tenir et garder fermement les immunités octroyées par les ducs aux mayeurs (maires), échevins et habitants de Dijon.

Marie de Bourgogne, femme de l'archiduc Maximilien, étant morte d'une chute de cheval le 25 mars 1482, Louis XI traita avec l'archiduc du mariage de Marguerite d'Autriche, sa fille, encore enfant, avec le Dauphin, à qui elle devoit apporter en dot la Franche-Comté et l'Artois; mais ce traité, signé à Auxerre au mois de décembre 1482, ne fut pas exécuté. Le roi mourut peu de mois après, et la jeune Marguerite d'Autriche, qui avoit été amenée à la cour de France pour y être élevée sous la direction de la dame de Beaujeu, gouvernante de Charles VIII, son fiancé, fut renvoyée à son père lorsque le mariage d'Anne de Bretagne avec Charles eut été décidé. L'archiduc, offensé, déclara la guerre au roi de France, entra dans le comté de Bourgogne, et, favorisé par la connivence des habitants, se rendit maître de presque toute la province. Cette guerre se termina par un traité conclu à Senlis en 1493, et en exécution duquel le roi restituoit à l'archiduc l'Artois, la Franche-Comté et le Charolois.

Charles VIII rendit sédentaire, à Dijon, le parlement de Bourgogne, institué par Louis XI en 1477, pour remplacer les assises des *grands jours*. Dans l'origine, ces assises se tenoient successivement à Beaune pour le duché, à Saint-Laurent pour le comté d'Auxonne et les terres d'outre-Saône, à Dôle pour la Franché-Comté.

Sous Louis XII, pendant les années 1512 et 1513, le duché de Bourgogne fut livré en quelque sorte à la discrétion des Suisses, qui, au nombre de plus de quarante mille, et accrus d'un corps d'Allemands envoyés par l'empereur, dévastèrent le pays, et s'y livrèrent à toutes sortes d'excès. Ils vinrent assiéger Dijon, où Louis de la Trémoille, gouverneur du duché, s'étoit enfermé avec cinq à six mille hommes.

Il les éloigna en leur promettant beaucoup d'argent et en souscrivant un traité fort onéreux, pour lequel, dit le président Hénault, « il comptoit bien être désavoué »; mais ce traité sauva la BOURGOGNE et la France, et François Ier, qui venoit de succéder à Louis XII, récompensa le négociateur; de plus, en considération de ce que la province avoit souffert dans cette guerre, il l'exempta pour neuf ans de l'imposition du marc d'argent qu'elle payoit aux ducs depuis l'établissement des communes.

Le règne de François Ier est une des époques de notre histoire qui honorèrent le plus la BOURGOGNE. L'énergie et le patriotisme de ses habitants empêchèrent le démembrement de la France. On sait que, par le traité de Madrid, François Ier avoit été contraint d'abandonner à Charles-Quint la souveraineté de la BOURGOGNE. Il étoit revenu en France, accompagné de Lannoy, vice-roi de Naples, afin d'y faire exécuter le traité. A cet effet, les états généraux avoient été convoqués à Cognac. Les députés de BOURGOGNE, admis à parler les premiers, selon l'ordre établi dans les assemblées précédentes, déclarèrent, au nom de la province, que les Bourguignons ne consentiroient jamais à l'exécution d'un traité qui les forceroit de renoncer au nom de François. L'orateur de la noblesse ajouta que si le roi abandonnoit la BOURGOGNE, elle se défendroit elle-même, et répandroit pour son généreux dessein jusqu'à la dernière goutte de son sang. La harangue de la députation bourguignonne fut accueillie par d'unanimes applaudissements. François Ier lui-même versa des larmes d'attendrissement et d'orgueil. On rejeta la clause du traité relative à la cession de la BOURGOGNE, et l'assemblée vota une imposition de 2 millions d'écus d'or pour la rançon du roi. Par la paix *des Dames*, signée à Cambrai l'année suivante (1526), cette belle province fut définitivement conservée à la France.

Pendant les guerres de religion, la BOURGOGNE, qui eut successivement pour gouverneur Antoine de Lorraine, Claude de Lorraine, duc d'Aumale, et le célèbre duc de Mayenne, fut un des plus ardents foyers de la ligue et un des principaux théâtres de la lutte déplorable engagée entre les catholiques et les protestants. La noblesse bourguignonne étoit, en général, profondément attachée à la foi de ses pères, elle disoit, suivant un historien de ce temps, qu'elle vouloit être la dernière à souffrir dans son pays la nouvelle religion, puisqu'elle avoit été chrétienne avant tous les François, lesquels ne l'étoient devenus que par le mariage de la princesse de Bourgogne, Clotilde, avec le roi Clovis. Cependant la Bourgogne donna au protestantisme un de ses orateurs les plus renommés, Théodore de Bèze, et eut à pleurer une des plus illustres victimes de la Saint-Barthélemy, l'amiral de Coligny. Elle dut à la fermeté d'un de ses magistrats de ne point voir le massacre de Paris se reproduire à Dijon. Le comte de Charny, lieutenant général de Bourgogne, pressoit l'exécution des ordres données par Charles IX, ou plutôt par les Guises, pour l'extermination des protestants. Le président Jeannin soutint que ces ordres n'existoient pas : «Le roi, dit-il, n'a pu prescrire le massacre d'une partie de ses sujets. De telles mesures ne s'exécutent pas à première réquisition et sans examen; il faut attendre», et il requit le parlement de Dijon d'user de toute son autorité pour suspendre l'exécution demandée par le lieutenant général. Tout fut suspendu, en effet, et peu de jours après un courrier du roi apporta l'ordre d'empêcher les massacres.

En 1595, le duc de Biron, que Henri IV avoit nommé gouverneur de la province de Bourgogne, remporta sur le parti catholique la victoire de Fontaine-Françoise; Dijon ouvrit ses portes au vainqueur, et le roi y fit son entrée solennelle le 6 juin 1595.

Charles-Emmanuel, duc de Savoie, avoit profité de nos troubles civils pour occuper le marquisat de Saluces; sommé de le rendre, il refusa, et le roi s'empara de la Savoie, tandis que Biron entroit dans la Bresse, et se rendoit maître de la place de Bourg. Charles-Emmanuel, convaincu de son impuissance, demanda la paix. Elle fut signée à Lyon le 1er janvier 1601. Le marquisat de Saluces fut rendu au duc de Savoie, qui, en échange, abandonna au roi de France la Bresse, le Bugey et les pays adjacents. Ainsi s'accomplit, après une campagne de quelques jours, une conquête importante qui reculoit les frontières du royaume et celles du gouvernement de BOURGOGNE.

Sous Louis XIII, un édit qui appliquoit à la BOURGOGNE le système des élections, juridiction subalterne chargée de prononcer sur les impôts, parut une infraction aux immunités du pays, et amena des troubles sérieux dans diverses parties de la province. Le 28 février 1630 les vignerons dijonnois s'insurgèrent, s'armèrent de piques et de hallebardes, se choisirent un chef qu'ils décorèrent du titre de *roi Machas*, et brûlèrent le portrait de Louis XIII en criant *Lanturelu! Vive l'empereur!* Plusieurs maisons de Dijon furent incendiées, et d'autres excès très-graves jetèrent l'effroi dans cette capitale de la BOURGOGNE et aux environs. Le roi se rendit à Dijon; il avoit d'avance ordonné de faire sortir de la ville tous les vignerons, et défendu au corps municipal de se présenter devant lui. Son entrée eut lieu le 27 août; tous les habitants étoient consternés. On agita, dans un conseil extraordinaire, la question de savoir si les magistrats seroient mis en jugement pour n'avoir pas empêché la sédition. Le gouverneur de BOURGOGNE, Roger de Saint-Lary, duc de Bellegarde, obtint que le parlement et les notables seroient entendus; ils se présentèrent avec cent bourgeois; l'avocat Févret, à genoux comme eux, plaida leur cause avec tant d'éloquence que le chancelier prononça un arrêt d'abolition; mais en même temps le roi changea le capitaine de la milice dijonnoise et le mode d'élection du maire et des échevins, dont le nombre fut réduit à six. On défendit aux vignerons d'habiter dans la ville, et la tour Saint-Nicolas fut abattue jusqu'à la hauteur nécessaire pour commander le bastion.

Quelques années plus tard, la Lorraine et la Franche-Comté, terres de l'empire, servoient de quartier général et de point d'appui au parti de Gaston, duc d'Orléans, et des ennemis du cardinal de Richelieu; la BOURGOGNE devoit se ressentir de ce voisinage. En 1636, elle vit son territoire envahi par quatre-vingt mille impériaux sous les ordres du général Galas. Cette armée formidable brûla tous les villages situés entre la Saône et le Doubs, s'empara de Verdun et de Mirebeau, mais vint échouer devant la petite ville de Saint-Jean de Losne, dont l'héroïque résistance mérite d'être citée dans notre histoire parmi les faits les plus dignes d'admiration. Les habitants, qui n'avoient pour défense que de faibles remparts, cent cinquante soldats du régiment de Conti et huit petites pièces d'artillerie, soutinrent deux assauts meurtriers, repoussèrent l'ennemi et l'obligèrent à lever le siége (3 novembre 1636).

Le gouvernement de Bourgogne, qui appartenoit à cette époque à Henri de Bourbon, prince de Condé, devint, en quelque sorte, héréditaire dans cette illustre maison. Lors de la proscription du grand Condé, le duc d'Épernon fut envoyé pour le remplacer comme gouverneur de la province (1651). Les Bourguignons refusèrent de le reconnoître. Dijon soutint un siége, et la petite ville de Seurre fut prise et démolie. La paix des Pyrénées (1659) rendit le gouvernement de Bourgogne au prince de Condé, et sa postérité l'a possédé jusqu'à la révolution.

Le duché de Bourgogne, sous l'ancienne monarchie, étoit un *pays d'états*, c'est-à-dire qui avoit conservé le droit de délibérer sur ses intérêts spéciaux, de régler ses dépenses et la perception de ses impôts, de faire parvenir directement au monarque ses représentations et ses doléances. Les états de Bourgogne se tenoient de trois ans en trois ans, en vertu d'une convocation royale, et sous la présidence du gouverneur de la province. Les trois ordres, clergé, noblesse et tiers-état, y étoient représentés. L'évêque d'Autun, et plus tard celui de Dijon, lorsqu'un évêché eut été créé dans la capitale de la Bourgogne, présidoit la chambre du clergé; la noblesse élisoit son président particulier, et le maire de Dijon présidoit le tiers état. La justice étoit administrée par le parlement de Dijon, dont nous avons indiqué l'origine. Le ressort de ce parlement s'étendoit sur plusieurs bailliages et six siéges présidiaux établis à Dijon, Autun, Châlon, Châtillon-sur-Seine, Semur et Bourg. Un seul bailliage, celui de Bar-sur-Seine, et les présidiaux d'Auxerre et de Mâcon, ressortissoient au parlement de Paris.

La Bourgogne a donné à l'ancienne France un grand nombre d'hommes illustres, parmi lesquels nous citerons au premier rang saint Bernard, Bossuet, Vauban, Buffon, et après eux le naturaliste Daubenton, le savant Saumaise, l'abbé Lebeuf, les poëtes Longepierre, Crébillon, Piron, la Monnoye; les présidents Jeannin, Bouhier et de Brosses, l'avocat Févret, le musicien Rameau, le peintre Greuze, l'architecte Soufflot; aucune de nos provinces n'a mieux mérité du pays par le génie, le talent, le patriotisme de ses enfants. Au point de vue des édifices religieux, la BOURGOGNE comptoit quelques-uns des plus célèbres monuments de la France; il suffira de signaler ici la grande et magnifique abbaye de Cîteaux, mère de deux mille maisons monastiques, et l'abbaye de Cluny, non moins splendide et non moins puissante, dont la domination s'étendoit sur trois cent quatorze monastères.

Nous allons maintenant commencer notre voyage pittoresque et archéologique en nous rendant à Dijon par le nord de la BOURGOGNE. En quittant les contrées que nous avons précédemment décrites, nous entrons dans cette province par le Châtillonnois. Ce petit pays, d'une étendue d'environ six lieues du nord au sud, depuis Bar-sur-Seine jusqu'à Châtillon, et de six lieues de l'est à l'ouest entre Montigny-sur-Aube et Pothières, portoit aussi le nom de Pays de la Montagne, et représentoit assez exactement l'ancien comté de Lassois, *pagus Latiscencis,* que possédoit au IXe siècle le comte Gérard de Roussillon, si célèbre dans nos chansons de geste du moyen âge(1). Le Lassois avoit eu

(1) Il existe dans notre ancienne littérature plusieurs versions du roman ou chanson de geste de Gérard de Roussillon, qui se rattache au cycle de Charlemagne ou des douze Pairs. Celle qui a été publiée dès l'an 1549 sous le titre d'*Histoire et Chronique de Gérard d'Euphrate*, et remise en françois moderne au siècle dernier (*Ancienne Chronique de Gérard d'Euphrate, duc de Bourgogne,* Paris, 1783), ne remonte guère qu'au XVe siècle. Une autre version bien plus ancienne, en langue provençale, a été donnée il y a quelques années; enfin, M. Mignard, de Dijon, vient de faire imprimer, avec des notes et une savante introduction, une version bourguignonne du même roman. Tous ces textes diffèrent beaucoup par la forme et par les incidents du récit. Les uns et les autres attribuent à leur héros des aventures merveilleuses; mais le personnage de Gérard de Roussillon n'en appartient pas moins à l'histoire. Comte ou duc de Provence sous le roi Charles, frère de l'empereur Lothaire, il est supposé aussi duc de BOURGOGNE par la plupart des chroniqueurs. Il guerroya contre Charles le Chauve, et s'illustra, ainsi que sa femme Berthe, par la défense de Vienne en Dauphiné. Lorsque cette ville eut été obligée de capituler en 870, Gérard de Roussillon et Berthe se retirèrent dans la BOURGOGNE, où ils possédoient de grands biens, et y fondèrent les abbayes

d'abord pour chef-lieu *Latiscum castrum*, petite ville ruinée au IIIe siècle, et dont l'abbé Lebeuf fixe l'emplacement à Laus-sur-Laigne, près de Molesme, où l'on a trouvé de nombreuses médailles du haut empire.

La ville de Châtillon qui, depuis le XIIe siècle, a donné son nom à l'ancien comté de Lassois, s'élève en amphithéâtre sur un plateau couvert de bois, et sur les bords de la Seine, qui la partage et y reçoit la petite rivière de Douix. On ignore l'époque de sa fondation, et rien n'est moins certain que la tradition suivant laquelle Gérard de Roussillon en auroit fait la capitale de son comté. Elle formoit autrefois deux villes distinctes, séparées par deux bras de la Seine, par des murs, des fossés et des portes; l'une s'appeloit *le Bourg*, l'autre étoit nommée *Chaumont*. Elles avoient chacune un château; celui du Bourg étoit situé sur une petite montagne qui domine toute la ville, et où l'on voit encore quelques restes de remparts; celui de Chaumont, bâti vers l'occident, portoit le nom de *Châtelot*. Ces deux villes, jalouses l'une de l'autre, en vinrent souvent aux mains; ce fut seulement à l'époque de la Ligue qu'un danger commun força les habitants, convoqués en assemblée générale, à demander la réunion des deux parties de la cité dans une même enceinte; cette réunion eut lieu en 1637, et au commencement du règne de Louis XIV on démolit la double porte qui séparoit encore le Bourg de Chaumont. Au moyen âge le Bourg appartenoit à l'évêque de Langres, et Chaumont au duc de BOURGOGNE; mais, outre leur droit particulier sur chacun de ces quartiers, les deux seigneurs avoient à Châtillon un domaine commun et, par conséquent, des droits féodaux communs, perçus en leur nom par le prévôt et par le maire, qui ne pouvoient juger l'un sans l'autre. Cette organisation multiple jette quelque confusion dans l'histoire, peu intéressante d'ailleurs, de la ville de Châtillon pendant le moyen âge. Le droit de commune accordé aux habitants par Eudes III, duc de BOURGOGNE, en 1208, fut confirmé par les successeurs de ce prince, et en dernier lieu par Henri IV

de Vézelay et de Pothières. Ils furent inhumés dans ce dernier monastère, et nous rapporterons plus loin leur épitaphe.

en 1601. Pendant les guerres de la France contre les Anglois aux XIVe et XVe siècles, Châtillon devint le boulevard de la BOURGOGNE et le centre d'opérations militaires importantes. Les troupes de Louis XI s'en emparèrent en 1475, et, au siècle suivant, elle fut tour à tour pillée par le duc d'Alençon, imposée par les reitres du roi de Navarre, assiégée par le vicomte de Tavannes, et enfin démolie presque entièrement, en 1594, par Barnabé de Gellaux, forcené ligueur, qui avoit juré de ne rendre au roi de Navarre que les pierres et les cendres de cette ville. Henri IV fit abattre le château en 1598, mais les bastions et les remparts furent relevés par les ordres du grand Condé. De toutes ces fortifications il ne reste plus que des débris.

Aujourd'hui Châtillon-sur-Seine est plus remarquable par sa situation pittoresque et par son industrie que par l'importance de ses monuments anciens. Cependant l'archéologue y visitera avec intérêt l'église de Saint-Vorle, qui servoit de chapelle au château des ducs de BOURGOGNE, et l'église de Saint-Nicolas, dont la construction remonte au XIIe siècle; celle-ci est située au centre du quartier du Bourg. Un ancien monastère de Bénédictines qui, fondé, en 1129, au Puits-d'Orbe, près de Verdonnet, étoit venu s'établir à Châtillon en 1619, à la sollicitation de saint François de Sales, est occupé par l'administration municipale et la sous-préfecture; le couvent des Carmélites a été converti en palais de justice, et d'immenses usines sont installées dans les dépendances du château de Chaumont. On voit encore, dans certaines parties de la ville, quelques habitations qui datent de la Renaissance, notamment le joli hôtel dont nous donnons le dessin.

Des monuments celtiques assez nombreux se sont conservés dans l'ancien Châtillonnois ou pays de la Montagne. Les plus intéressants sont la *pierre-fiche* ou menhir d'Aignay, la *grande borne* du hameau de la Folie, près d'Ampilly-les-Bordes; l'autel druidique de Rochefort-sur-Brevon, les *pierres percées* de Nod-sur-Seine et de Toulifaut, le tumulus de Semond (l'ancienne ville de *Sedunum*). Des statues de divinités gallo-romaines, des tombes de pierre, ont été trouvées à diverses époques à

Vanvay-sur-Ource, à Saint-Germain-la-Feuille, à Ampilly. La voie romaine qui alloit de Langres à Auxerre a laissé, près de Châtillon, des traces reconnoissables.

Dans les limites du Châtillonnois, et sur les confins de la BOURGOGNE et de la Champagne, s'élevoient autrefois deux célèbres abbayes de Bénédictins dont nous ne pouvons nous dispenser de parler ici, quoique la plupart des géographes les placent quelquefois dans la Champagne. La plus ancienne étoit l'abbaye de Pothières ou Poultières, *Pulteriense monasterium,* située sur la rive gauche de la Seine entre Châtillon et Mussy-l'Évêque; elle avoit été fondée en 868 par le célèbre Gérard de Roussillon, dont nous avons parlé, et par la princesse Berthe, sa femme, « afin, dit l'acte de fondation, qu'on y fît sans cesse des prières pour l'empereur Louis le Débonnaire et l'impératrice Judith, et pour Charles le Chauve, leur fils, qui avoit honoré Gérard et Berthe de ses bienfaits. » L'église de ce monastère fut plusieurs fois rebâtie ou restaurée; mais, au jugement de Dom Martène, qui la visita au commencement du XVIIIe siècle, le sanctuaire paroissoit être de la première fondation. « Il est pavé de marbre blanc, et « autour du grand autel on voit plusieurs petites colonnes de marbre, « ce qui fait juger avec combien de magnificence cette maison avoit été « construite. » (*Voyage littéraire de deux bénédictins,* tome Ier, page 105.) Le chœur de l'église de Pothières renfermoit les tombes des fondateurs; leurs épitaphes, assez récentes selon le même écrivain, rappeloient le titre de duc de BOURGOGNE, que certaines chroniques du moyen âge attribuent, comme nous l'avons dit, à Gérard de Roussillon. Du côté de l'Évangile étoit le tombeau de Gérard, avec cette inscription : « *Hic jacet illustrissimus Girardus de Roussillon, totius Burgundiæ multarumque aliarum provinciarum princeps, hujus sacri monasterii Pulteriensis fundator; viam universæ carnis ingressus est anno* 890. » Du côté de l'Épître, on lisoit sur la pierre tumulaire de Berthe : « *Hic jacet illustrissima Berta, Girardi de Roussillon, totius Burgundiæ principis, hujus sacri monasterii fundatoris, uxor, viam universæ carnis ingressa anno* 890. »

D. Martène avoit vu dans diverses parties de l'édifice d'autres épitaphes plus anciennes, mais presque effacées, dont il donne le texte (*Ibid.*, pages 106, 107).

Le second des deux monastères que nous venons de citer, celui de Molesme, *Molismus*, situé à cinq lieues de Châtillon, sur les bords de la petite rivière de Laigne, avoit encore plus d'illustration et d'importance que l'abbaye de Pothières. Fondé en 1075 par saint Robert, moine bénédictin de Montier-la-Celle, près de Troyes, il avoit fourni à Cîteaux ses premiers religieux, et comptoit dans ses dépendances seize autres abbayes. Son église passoit pour la plus magnifique de cette contrée, et ses cloîtres étoient d'une architecture remarquable. Il n'en reste plus que des débris.

Une autre abbaye comprise dans les limites du Châtillonnois, quoique très-voisine de Dijon, a laissé aussi de grands et pieux souvenirs. Nous voulons parler de l'antique monastère de Saint-Seine, bâti en 539, dans la forêt de Sestre, non loin des sources de la Seine, par un pieux solitaire nommé *Seine, Sequanus*, que la légende suppose fils du comte de Mémont. L'abbaye fut d'abord dédiée à la sainte Vierge; mais elle reçut bientôt le nom de son fondateur, qui y fut inhumé en 580. « Un jour, dit Grégoire de Tours, c'étoit quelques années après la mort du saint, on vola au roi Gontran le cornet dont il se servoit pour rassembler ses chiens et chasser ses cerfs. Trois hommes accusés injustement de ce vol, et poursuivis par les officiers du roi, se réfugièrent dans la basilique, près du tombeau de saint Seine. Gontran les fit enchaîner; mais la nuit, ajoute Grégoire de Tours, la basilique se trouva tout à coup éclairée d'une lumière plus vive que la lumière humaine; les chaînes des prisonniers se brisèrent, et le roi, frappé de terreur, se hâta de leur rendre la liberté. » (Greg. Turon., *de Gloria confessorum*, cap. 88.) Pillé par les Sarrasins en 731, le monastère de Saint-Seine fut restauré bientôt après, et, lorsque saint Benoît d'Aniane vint y prendre l'habit religieux en 777, on y comptoit cinq cents moines, dont les travaux avoient déjà transformé ces lieux déserts en champs fertiles, et donné naissance au bourg de Saint-Seine. Cette prospérité fut détruite par les ravages des Hongrois qui dévastèrent l'abbaye, et renversèrent ses murailles en 937. L'abbé Guillaume en répara les ruines sous le règne de Hugues Capet; mais, au commencement du XIIIe siècle, sous l'abbé Olivarius, il fallut reconstruire entièrement l'église; c'est probablement à cette époque que disparurent les derniers vestiges de la basilique primitive. Le nouvel édifice, commencé en 1205, achevé vers 1225, fut ruiné par un incendie qui réduisit en cendres le monastère, sous l'abbatiat de Hugues de la Porte, en 1255. L'église et les cloîtres de Saint-Seine restèrent longtemps dans cet état de ruine, ou du moins ne furent que provisoirement réparés. Il fallut songer à protéger le monastère contre les Anglois qui, après la bataille de Poitiers, avoient envahi la BOURGOGNE; la reine Jeanne, alors régente du duché, prescrivit, en 1358, de fortifier l'abbaye. Il y eut autour de la maison de Dieu fossés et pont-levis, guérites et barbacanes, tout l'appareil d'une défense militaire. Guillaume de Vienne, qui fut abbé de Saint-Seine depuis 1375 jusqu'en 1387, fit enfin rebâtir dignement l'église; mais l'œuvre ne fut entièrement terminée que sous Jean de Blaisy, son successeur, mort en 1439. Cette église, élevée par Guillaume de Vienne et Jean de Blaisy, est celle qui subsiste aujourd'hui, et sert de paroisse au bourg. Les abbés de Saint-Seine avoient reçu des ducs de BOURGOGNE, des sires de Sombernon, de Saulx, de Drée, etc., des dotations immenses. Ils tenoient rang de princes à la cour ducale, et avoient, comme le souverain, un chambellan, un maréchal, un *queux* (chef de cuisine), un chapelain. Le pape Eugène IV leur accorda le droit de porter l'anneau, la mitre et les ornements épiscopaux. Possesseurs de plus de quarante villages, ils pouvoient mettre sur pied de nombreuses milices, et prenoient place dans l'armée à côté des principaux bannerets bourguignons. La maison abbatiale, dans laquelle Louis XIV coucha deux fois, le 4 novembre 1658 et le 20 juin 1674, avoit été reconstruite en 1715; ce qui en a été conservé est encore assez considérable; mais un intérêt archéologique s'attache surtout à l'église du monastère, monument remarquable du XIVe siècle. L'édifice a cent soixante pieds de longueur dans œuvre, et quatre-vingt-trois pieds de largeur au transept. Son plan est une croix latine, coupée de haut en bas par un double rang de colonnes qui divisent toute l'église en trois nefs, lesquelles aboutissent à des autels du côté de l'orient, et au couchant à deux tours carrées s'élevant au-dessus du portail. L'ensemble du monument a un aspect austère, et se distingue par une régularité, une sobriété, une harmonie vraiment monastique. Les détails architectoniques sont généralement simples dans le chœur et dans la nef; mais le portail, d'une date un peu plus récente que l'intérieur de l'édifice, est aussi plus orné. Les voussures sont d'une grande richesse. Des feuilles de choux frisés s'échelonnent sur leurs rampes extérieures; un enchaînement d'autres feuilles plus petites forme une guirlande autour de la porte, qu'accompagnent trois jolies consoles, surmontées de dais en encorbellement, et aujourd'hui dépouillées de leurs statues. Ce portail est du commencement du XVe siècle.

Les principaux ornements de l'église de Saint-Seine étoient autrefois les tombeaux des deux abbés qui l'avoient fait reconstruire, Guillaume de Vienne, mort archevêque de Rouen, en 1406, et Jean de Blaisy, inhumé en 1439. Le tombeau de Guillaume de Vienne rappeloit par sa magnificence les admirables monuments funèbres des ducs de BOURGOGNE. Le prélat, revêtu de ses ornements épiscopaux, étoit couché sur une grande table de marbre noir, la tête sur un coussin, les pieds appuyés sur deux lions. Cette table, qui formoit corniche, reposoit sur le tombeau proprement dit, autour duquel couroit une galerie occupée par des statuettes de moines bénédictins debout, les yeux tournés vers le ciel ou fixés sur un livre. Au-dessus de la tombe s'élevoit un vaste dais voûté, de la plus riche ornementation, surmonté de la statue de saint Seine. Ce beau monument, haut de vingt-deux pieds, existoit encore intact il y a quelques années. On l'a malheureusement détruit depuis peu, dans l'intérêt d'une modification intérieure. Il ne reste plus du tombeau que la table noire et quelques moulures dispersées, dont l'élégance rend nos regrets plus vifs. L'abbé Jean de Blaisy, qui avoit voulu être inhumé dans le chœur de l'église, auprès de l'archevêque Guillaume de Vienne, s'étoit fait représenter sur sa dalle tumulaire, sous la figure d'un squelette, les bras en croix sur la poitrine, ayant d'un côté sa crosse, et de l'autre son écusson blasonné. Nous devons citer comme une décoration très-remarquable de cette église les vingt-huit fresques peintes sur les parois extérieures des murs qui séparent le chœur des bas-côtés. Les unes, au nombre de vingt-quatre, regardent le nord; elles reproduisent les principaux traits de la légende de saint Seine, et se terminent par un grand tableau représentant un moine agenouillé, les mains jointes, à côté de la Sainte-Vierge et de saint Seine, avec cette inscription: *L'an M. V^e et IIII a esté faite ceste présente vie de saint Seigne, et l'a fait faire frère Perceval de Montarby.* Les quatre autres fresques regardant le midi occupent, comme les précédentes, toute la travée; elles ont pour sujets: la Sainte-Vierge, patronne de l'abbaye; saint Christophe portant l'enfant Jésus sur ses épaules; l'arbre de Jessé; enfin saint Seine présentant à Dieu le moine donateur de ces quatre tableaux. On lit à côté l'inscription suivante : *L'an M. V^e XXI, frère Claude de Durrotal, religieux de céans, a fait faire ceste.* Nous renvoyons nos lecteurs pour la description détaillée de ces fresques, comme pour l'histoire de l'abbaye de Saint-Seine, à un savant travail publié sur ce sujet par M. Rossignol dans le second volume des *Mémoires de la Commission des antiquités du département de la Côte-d'Or.*

Les sources de la Seine jaillissent dans le fond d'un étroit vallon qui dépend des communes de Saint-Germain-la-Feuille et de Saint-Seine, à deux lieues de ce dernier bourg. Des fouilles exécutées en 1836 dans ce vallon solitaire ont eu pour résultat une des découvertes les plus intéressantes qui aient été faites de nos jours sur le sol de l'ancienne Bourgogne. On y a trouvé, à la profondeur de quelques pieds, les fondations et les ruines très-remarquables d'un temple dont le plan offroit un quadrilatère de cent soixante et onze pieds de longueur sur une largeur qui n'a pu être déterminée. L'intérieur, distribué en plusieurs *cellæ* ou chapelles placées dans le pourtour, présentoit une véritable analogie avec la description que Pline nous a laissée d'un temple élevé à Clitomne, fleuve d'Ombrie. Au milieu du temple de la Seine étoit une salle où se trouvoit la source sacrée qui s'écouloit par une rigole taillée dans la pierre et recouverte de dalles. A droite de cette source, tarie aujourd'hui, s'élevoient quatre colonnes d'ordre dorique, dont on a retrouvé les fragments et les bases. Deux marches en pierre donnoient entrée à l'une des chapelles où probablement étoit placée la statue de la déesse elle-même, assise en face de la source principale. Des tronçons de colonnes, des chapiteaux, des marbres précieux taillés en moulures et en plaques destinées à revêtir les murailles, des enduits couverts de peintures à fresque, des pierres de liais sciées pour parement, de petits cubes en pierre de diverses couleurs, ayant servi à composer des mosaïques, peuvent donner une idée de l'ornementation intérieure de l'édifice. Il n'est resté de la décoration extérieure que des fûts brisés et des chapiteaux corinthiens dont les proportions annoncent qu'ils appartenoient à des colonnes d'une grande hauteur, probablement celles du péristyle. Un grand nombre de statues de pierre, de statuettes, de figurines de bronze, d'innombrables *ex-voto* et environ huit cents médailles, dont la plus ancienne appartenoit au règne d'Auguste, et la plus récente à celui de Magnus Maximus, mort en 388, ont été retirés des fouilles parmi les décombres. Les inscriptions recueillies dans les débris du monument ne peuvent laisser aucun doute sur sa destination : c'étoit un temple consacré à la déesse de la Seine sur la source même du fleuve; on y voit cette déesse, *dea Sequana*, constamment invoquée, et la foi des populations à la vertu miraculeuse de ses eaux est attestée par les objets de toute sorte qui étoient suspendus aux murailles de l'édifice en commémoration et en reconnoissance des guérisons qu'on lui attribuoit. Fondé probablement dans les premiers temps de l'occupation romaine, le temple de la Seine paroît avoir été détruit par un incendie; on a reconnu, en effet, sur plusieurs points, des traces de métaux fondus et des charbons mêlés aux débris. C'est sans doute vers la fin du IVe siècle que cet édifice aura subi le sort commun à la plupart des monuments du culte païen. Les divers objets trouvés dans le temple de la Seine ont été déposés, il y a quelques années, au musée de Dijon, par les soins de la Commission des antiquités de la Côte-d'Or, qui a publié dans le second volume de ses Mémoires un excellent rapport sur cette importante découverte.

Des vestiges d'un autre monument gallo-romain ont été reconnus en 1835, dans la même contrée, sur le territoire du village d'Essarois, près d'une source dite de *la Cave*. C'étoit un temple dédié à Apollon *Vindus*, qu'on invoquoit, dans la Gaule romaine, pour la guérison des maladies. Là encore on a recueilli dans les fouilles, outre des statuettes et des médailles, un grand nombre d'*ex-voto* attestant que la vertu curative attribuée à la source sacrée s'étendoit à la plupart des maux physiques. C'est aussi à Essarois, et près du ruisseau de la Cave, que fut trouvé, en 1789, un coffret gnostique du moyen âge, analogue à ceux dont le savant orientaliste M. de Hammer, de Vienne, a donné la description dans le sixième volume de son ouvrage intitulé : *Les Mines de l'Orient*. Ce coffret, en pierre calcaire, est couvert d'une image en relief représentant un personnage androgyne, accompagné de signes cabalistiques et d'une inscription en caractères arabes. Dans un Mémoire très-étendu sur les antiquités d'Essarois, M. Mignard, de Dijon, cherche à démontrer que les chevaliers du Temple, initiés aux infâmes mystères du gnosticisme pendant leur séjour en Orient, les avoient importés en France, et que le coffret d'Essarois, trouvé dans le voisinage du prieuré que les Templiers possédoient à Voulaine, justifie les accusations d'immoralité portées contre l'ordre à l'époque du procès célèbre qui amena sa condamnation sous le règne de Philippe le Bel. D'abord rien ne prouve que le coffret d'Essarois ait appartenu aux Templiers; mais un des chevaliers de ce prieuré auroit-il eu en sa possession ce coffret, ce n'est pas une raison pour prétendre que l'ordre entier ait pratiqué les vices du gnosticisme. Nous ne sommes pas de l'avis que les Templiers aient été coupables de tous les crimes qu'on leur a imputés.

Ce prieuré de Voulaine, auquel ressortissoient les deux commanderies de Bure et d'Épailly, en Bourgogne, et celle de Mormans en Champagne, étoit un des plus importants de l'ordre des Templiers. Fondé en 1163, il avoit été donné, après la suppression de cet ordre, aux chevaliers hospitaliers de Saint-Jean de Jérusalem, devenus, dans la suite, chevaliers de Rhodes, puis chevaliers de Malte; son église renfermoit plusieurs tombes magnifiques; dans le château du grand prieur on admiroit la salle du chapitre, ornée des portraits des grands maîtres de l'ordre de Malte. Ce château, fortifié en 1362, reconstruit en partie vers 1580, a été converti en maison de campagne. De tous les bâtiments anciens il ne reste plus qu'une tour assez bien conservée.

La commanderie de Bure, autour de laquelle s'étoit formé un bourg appelé *Bure-les-Templiers,* avoit été fondée dès le XIIe siècle. Son église, qui paroît remonter en partie à cette époque, renferme plusieurs pierres tombales intéressantes. La ruine de l'ordre du Temple entraîna celle du bourg de Bure. Le duc Philippe-le-Hardi, par lettres patentes de 1371, accorda des priviléges et des exemptions d'impôts aux habitants de ce lieu, *tellement appauvris et annihilés,* que la plus grande partie avoit quitté le bourg, réduit à trois familles. Il reste de la commanderie d'Épailly une chapelle fort ancienne, qui mérite aussi d'être visitée.

On voit sur le territoire de la commune d'Asnières, près du petit village de Verdonnet, quelques restes peu importants de l'ancien monastère du Puits d'Orbe, établi dans ce lieu au commencement du XIIe siècle, sous la dépendance de l'abbaye de Moutier-Saint-Jean, et transféré, comme nous l'avons dit, en 1629, dans la ville de Châtillon. Un plus grand intérêt historique et archéologique s'attache au prieuré du Val-des-Choux, autrefois chef d'ordre, fondé par un religieux de la Chartreuse de Lugny, sous le duc Hugues III, en 1188, ou, selon d'autres auteurs, sous Eudes III, en 1193, et approuvé par le pape Innocent III en 1205. La règle de l'ordre du Val-des-Choux étoit un mélange de celle de saint Benoît, des constitutions particulières de Cîteaux et de plusieurs observances des Chartreux. Répandu dans toute l'Europe avant l'invasion du protestantisme, cet ordre s'éteignit en France longtemps avant la révolution; mais il subsistoit encore à cette époque en Espagne et en Portugal. Les grandes ruines de cette abbaye célèbre s'étendent dans une profonde solitude à deux lieues de Voulaine, au centre de collines boisées et au bord d'une fontaine dont les eaux jaillissent d'une grotte où se retira, dit-on, le fondateur de l'ordre avant la construction de son monastère. Dans l'église de l'abbaye on remarquoit deux petits tombeaux de marbre blanc ornés des statues du fils et de la fille d'un duc de BOURGOGNE, emmaillotés et couchés dans leurs berceaux; autour de ces tombeaux, des bas-reliefs d'un travail précieux représentoient la procession de l'ordre conduite par un évêque. Ils sont gravés dans le *Voyage littéraire* de D. Martène (tome Ier p. 113). On conserve dans cette contrée le souvenir d'une vieille tradition, suivant laquelle on voyoit jadis l'ombre d'un grand prieur du Val-des-Choux, Pierre de Château-Villain, s'agenouiller la nuit de Noël au bord de la fontaine, près d'un buisson de houx, et laver ses mains souillées du sang des Anglois qu'il avoit tués, en 1359, à la tête de ses moines, en défendant les celliers du couvent.

Au fond de la forêt voisine, et dans un site plus sauvage encore, plus écarté de toute habitation, s'élevoit la chartreuse de Lugny, bâtie en 1172 par l'évêque de Langres, Gautier de BOURGOGNE, fils du duc Hugues II, qui y fut inhumé sous l'habit de saint Bruno en 1179. Les papes, les rois de France, les ducs de BOURGOGNE, avoient comblé de dons et de priviléges les pieux solitaires de Lugny. Leur église, rebâtie en 1560, étoit petite, mais ornée de tableaux précieux, dispersés aujourd'hui. Des ruines de cette chartreuse un sentier sinueux, très-pittoresque, conduit à la chapelle de la Courroirie, que les religieux de Lugny avoient acquise autrefois des Templiers. Cette chapelle, cachée de toute part sous les arbres, et dominée par un rocher, seroit fort curieuse à visiter si l'intérieur n'étoit encombré de terre et de débris amoncelés; sous ce petit édifice il existe une crypte ou église souterraine, et l'on aperçoit encore au dessus de la porte la croix des chevaliers du Temple.

Au Châtillonnois appartenoit aussi le monastère d'Ogny, situé près de Baigneux, et dont les vastes jardins s'étendoient en terrasse sur les bords de la Seine, entre deux montagnes couvertes de bois. C'étoit une abbaye de chanoines réguliers, fondée en 1106 par Godin de Duême et Milon de Frolois, et que saint Louis vint visiter en pèlerin avant de partir pour sa seconde croisade, en 1269. L'église abbatiale, assez vaste, mais peu ornée, et reconstruite presque entièrement au XVIIIe siècle, n'offre guère d'autre intérêt que celui des souvenirs. Non loin de cet ancien monastère, à Billy, village bâti dans un vallon étroit, près des sources de la Seine, on remarque les ruines d'un château entouré de fossés creusés dans le roc, et les restes d'une fontaine de construction antique, dont les fondations, mises à découvert en 1822, renfermoient des médailles de l'empereur Adrien.

En parcourant cette partie de la BOURGOGNE nous ne devons pas omettre de signaler la découverte importante récemment faite sur le plateau de *Landunum*, près du village de Vertault et sur la lisière du bois de Molesmes, non loin des frontières de la Champagne. Des fouilles commencées sur ce point en 1850, et continuées depuis, ont mis au jour les restes d'une ville gallo-romaine d'une étendue assez considérable. Le sommet du plateau se divise en deux parties séparées par un chemin de desserte; à l'est, et presque au bord du chemin, on a déblayé, sur une grande longueur, le mur d'enceinte de l'antique cité, composé d'un petit appareil de pierres posées par assises régulières. Sur le versant opposé de la montagne on a reconnu les vestiges, à fleur de sol, du même mur d'enceinte, et l'on a pu déterminer ainsi les limites de la ville dont les ruines jonchent le sol du plateau. Sur divers points de cet espace des fondations de bâtiments d'une construction remarquable ont été mises à jour; des tronçons de colonnes, des vases, des statuettes, des fibules, des meules romaines, ont été retirés des décombres; mais la découverte la plus intéressante a été celle d'un établissement thermal. A huit pieds environ de profondeur on a reconnu le pavé en mosaïque d'une salle de bain posé sur un béton épais et d'une grande solidité, reposant lui-même sur des pierres soutenues par des dés allongés placés dans le pourtour des murs. Les deux faces découvertes étoient encore garnies de tuyaux carrés destinés au passage de la vapeur. Une autre salle a été ensuite déblayée; on y a trouvé le torse d'une belle statue de jeune homme de grandeur naturelle, en marbre blanc; les fragments d'une figure d'enfant vêtue du pallium, et un autel votif, décoré de bas-reliefs peints sur trois de ses faces. Une voûte souterraine aboutissoit à cette seconde salle; on y a rencontré des conduits de chaleur placés en divers sens. Un peu plus loin, à droite d'un chemin conduisant au village de Béchineuil, les fouilles ont fait reconnoître les débris d'un temple de forme triangulaire, à l'exception du côté qui fait face au chemin. De ce côté une large ouverture, accompagnée de deux segments de cercle, donne entrée au monument, dont l'intérieur offre une salle carrée de trente-six pieds de large sur une égale longueur; au fond, à droite et à gauche, sont pratiquées en saillie trois niches demi-circulaires; au devant de celle du fond on voit encore les bases sur lesquelles reposoient les colonnes; dans une des niches étoit une large pierre ornée de moulures sur les quatre côtés, et formant sans doute le pied d'un autel. Cette pierre ayant été soulevée, on a trouvé un assez grand nombre d'ossements de renards, de lièvres et d'autres animaux sauvages. Les quatre angles intérieurs du temple présentent des parties saillantes formant un massif destiné probablement à assurer la solidité de l'édifice. Du côté méridional une espèce de galerie, appliquée au mur extérieur, étoit soutenue par un triple rang de colonnes dont plusieurs bases sont restées en place. Enfin, s'avançant du côté du revers oriental du plateau, les explorateurs ont mis à nu les fondations de plus de vingt habitations particulières, dans lesquelles on remarquoit des pavements très-réguliers faits en pierre sciée, des aires composées d'un béton d'une solidité remarquable, et quelquefois décorées de dessins; des moulures en marbre, des fragments de colonnes, des tuiles à rebords; souvent, des traces d'incendie, du charbon; des amphores, des vases de terre rouge ornés de dessins en relief, des cuillers à parfum en bronze, en ivoire, en argent;

des styles, des épingles en os, quelques médailles romaines, particulièrement d'Antonin, et une infinité de fragments de toute espèce.

Près de Beneuvre, village situé au pied d'un des points culminants de la chaîne qui sépare le bassin de la Seine de celui du Rhône, on a reconnu des ruines qu'on croit être celles d'une ville gallo-romaine, et dans lesquelles on trouve assez fréquemment des médailles, des armes, des ustensiles et diverses autres antiquités. La hauteur située vers l'est est désignée sous le nom de *Mont-Aigu;* on y voit encore des vestiges d'une construction romaine et d'une forteresse du moyen âge.

A Aisey-sur-Seine on a découvert, il y a quelques années, un tombeau antique renfermant, avec des débris d'ossements, une statuette de bronze et un style d'ivoire. Dans l'épaisseur de la maçonnerie étoient disposées de petites dalles ou plaques de pierre, entre lesquelles on avoit placé des monnoies de bronze. La plus récente de ces médailles étoit de l'empereur Claude. Ce village d'Aisey, ancienne châtellenie, étoit jadis entouré de murs; les ducs de Bourgogne y possédoient un parc immense, peuplé de gibier, et un manoir qui leur servoit de rendez-vous de chasse. Ce manoir, situé au nord de la Seine, étoit de forme carrée et flanqué aux angles de quatre tours crénelées. Il ne reste de cet édifice féodal que les fondations. A l'extrémité de l'ancien parc on voit les débris d'une chapelle bâtie en 1345 par les ordres du duc Eudes IV.

Un assez grand nombre de bourgs et de villages de cette contrée ont conservé des églises intéressantes, appartenant les unes au style roman, les autres au style ogival ou à celui de la Renaissance. Parmi les plus anciennes et les plus curieuses nous citerons celles d'Aignay-le-Duc, de Courban, de Belan, de Gurgy-la-Ville, de Prusly-sur-Ource, de Coulmier-le-Sec. Les châteaux remarquables sont plus nombreux encore dans le Châtillonnois. Nous signalerons surtout ceux d'Origny, de Jours, de Rochefort, d'Autricourt, de Montmoyen, de Quémigny, de Crépan, de Montigny, de Brémur, de Chalvosson, d'Essarois, de Mauvilly, de Duême, de Vilaine-en-Duémois, de Larey. Ce dernier, l'un des plus vastes de la basse Bourgogne, n'offre pas moins d'intérêt par les souvenirs qu'il rappelle que par sa position charmante au milieu des montagnes qui entourent Châtillon. Construit vers la fin du XIIe siècle, puis augmenté en 1210 par Constance de Larey, qui apporta en dot cette seigneurie à Eudes de Grancey en 1214, il fut agrandi de nouveau et embelli en 1360 par Eudes, gouverneur de BOURGOGNE, et Béatrix de Bourbon, sa femme. En 1475, Claude de Toulongeon, qui tenoit de Marie de Grancey, son épouse, la terre de Larey, défendit vaillamment ce château contre les troupes de Louis XI, et, après avoir soutenu plusieurs assauts meurtriers, il n'abandonna le donjon que lorsqu'il ne fut plus possible de le défendre. Les vainqueurs le démantelèrent. Au commencement du XVIIe siècle, la seigneurie de Larey passa de la famille de Toulongeon au maréchal Fabert, qui la fit ériger en marquisat l'an 1652. Au XVIIIe siècle, le château de Larey fut réparé et reçut de nouvelles constructions, terminées par le prince de Condé, dernier possesseur de cette terre avant la révolution. Contre nos désirs, bien malgré nous, nous ne donnons pas les dessins de tous ces châteaux, parce que nous sommes forcés de restreindre le nombre des tableaux de notre belle France pittoresque.

Château de Berzé.

Le Dijonnois.

Assise au confluent des deux rivières d'Ouche et de Suzon, la ville de Dijon, *Divio*, capitale du Dijonnois et de toute la Bourgogne, fut d'abord un *castrum* romain destiné à protéger la frontière du territoire des Éduens. Plusieurs objets d'antiquité trouvés dans l'enceinte de la ville actuelle, entre autres un bas-relief représentant l'alliance d'Octave, de Lépide et d'Antoine, et une brique sur laquelle étoit inscrit le nom de la légion augustale (LEG. VIII AUG.), attestent que ce *castrum* existoit dès les premiers temps de l'occupation romaine, et autorisent à penser qu'établi par César il fut rendu permanent par Auguste. L'heureuse situation de ce poste militaire y appela bientôt une population industrieuse; des inscriptions trouvées dans des fouilles, vers le milieu du siècle dernier, démontrent qu'il y avoit dans la cité naissante, entre autres gens de métier, des forgerons ou fabricants de fer (*ferrarii Divionenses*) et un chef des nautoniers de la Saône pour le commerce des grains (*nauta Araricus*). Suivant les actes du martyre de saint Bénigne, Marc-Aurèle étoit à Dijon lorsque l'apôtre de la Bourgogne vint y prêcher la foi chrétienne. L'empereur s'y étoit rendu pour visiter les nouveaux murs dont il avoit fait entourer la ville et les édifices dont il l'avoit ornée. Quelques historiens croient qu'en l'année 274 Aurélien l'embellit encore, en augmenta l'étendue, et y éleva de nouveaux temples. Détruit par les barbares vers le IVe siècle, le Dijon romain fut rebâti dans de plus petites proportions, et mis en état de défense contre les invasions des Francs et des Germains. Le nombre des fidèles convertis par saint Bénigne et ses disciples n'avoit pas cessé de s'accroître; ils s'assembloient pour la célébration des saints mystères dans la crypte ou chapelle souterraine de Saint-Étienne. Dijon tomba au pouvoir des Bourguignons au Ve siècle. Grégoire de Tours, qui nous a laissé une précieuse description de ce qu'étoit cette ville sous les premiers rois de BOURGOGNE, nous la représente comme une ville forte, de forme carrée, de onze à douze cents pas en longueur et en largeur, et entourée de murailles de trente pieds de haut, flanquées de trente-trois tours, avec quatre portes correspondant aux quatre points cardinaux. Cet historien vante la situation de Dijon, la fertilité de son territoire, l'excellence de ses vins, et il est surpris qu'une ville si importante n'eût pas le titre de cité : *Quæ cur civitas non dicta sit ignoro* (Greg. Turon. *Hist. eccl. Franc.*, l. III, cap. 19). On ne lui donnoit encore que le nom de *castrum*, et c'est pour cela qu'elle n'étoit point le siége d'un évêché. Néanmoins les évêques de Langres, dont elle dépendoit, y faisoient souvent leur résidence. Pendant le règne de Gondebaud, un de ces prélats, nommé Apruncułus, étoit à Dijon, lorsque les habitants, irrités contre lui parce qu'il soutenoit le parti de Clovis et de Clotilde contre le roi de BOURGOGNE, assaillirent sa demeure, et cherchèrent à s'emparer de lui pour le livrer à Gondebaud. Apruncułus réussit à leur échapper en escaladant la nuit les murs de la ville, et s'enfuit à Clermont en Auvergne, dont il devint évêque. Pendant la période franke, Dijon suivit le sort de la province de BOURGOGNE. Chramne, le fils rebelle de Clotaire Ier, s'étoit approché de cette ville à la tête d'une armée; mais les habitants refusèrent de s'associer à sa révolte et lui fermèrent leurs portes. Chramne voulut consulter le *sort des saints,* suivant la coutume du temps. Tétricus, évêque de Langres, qui faisoit son séjour à Dijon, se rendit dans la basilique de Saint-Jean, située alors hors des murs, et annonça au prince sa fin malheureuse en ouvrant les livres saints aux 4e et 5e versets du 5e chapitre d'Isaïe. Les Sarrasins s'emparèrent de Dijon, et le livrèrent aux flammes en 731. Les Normands, à leur tour, parurent sous ses murs en 888. Manassès de Vergy, premier comte héréditaire de Dijon, défendit si bien la ville que l'ennemi ne put y pénétrer, et fut contraint de s'éloigner, après avoir ravagé toute la campagne voisine jusqu'à l'abbaye de Bèze. Sous Raoul de Vergy, petit-fils de Manassès, Dijon fut pris et saccagé (957) par Robert de Vermandois, qui disputoit la BOURGOGNE au duc Othon, frère de Hugues Capet; mais le roi Lothaire, étant venu au secours d'Othon, reprit cette ville l'année suivante. A la mort de Raoul de Vergy, le comté héréditaire de Dijon passa par succession dans la maison de Beaumont-sur-Vingeanne. Hugues et Richard de Beaumont le possédèrent l'un après l'autre; puis Léthalde de Beaumont, fils de Richard, étant mort sans postérité en 1007, le comté de Dijon, après avoir un moment appartenu à Othe-Guillaume, fut définitivement réuni au duché de BOURGOGNE par le roi Robert. La ville de Dijon devint alors la capitale du duché. Sous Hugues II la ville fut entièrement consumée par le feu du ciel, le 28 juin 1137, et reconstruite sur un nouveau plan. C'est à cette époque que le bourg de Saint-Bénigne et une grande partie des faubourgs furent réunis à la cité; mais la nouvelle enceinte, commencée dès l'année même de l'incendie, et continuée dans les siècles suivants, ne fut entièrement terminée qu'au milieu du XIVe siècle, par Jeanne de Boulogne, mère et tutrice de Philippe de Rouvre. Le duc Hugues III, fondateur de la Sainte-Chapelle de Dijon en 1172, créa, ou plutôt confirma la commune de cette ville par une charte de 1187, rédigée sur le modèle de celle de Soissons. Cet acte important, revêtu des sceaux du duc et de son fils, fut souscrit par dix-neuf barons qui en garantirent l'exécution : Anseric de Montréal, Aimon de Marigny, Guy de Tilchâtel,

Valère de Sombernon, Ralo de Saint-Julien, Othe de Saulx, Guillaume de Fauverney, Othe de Saffres, Amé d'Arcelot, etc. Le maire de Dijon étoit choisi parmi les nobles ou les citoyens notables de la ville. Il étoit représenté sur le sceau de la commune, comme les princes et les chevaliers, tantôt sur un cheval courant à toute bride, le casque en tête et l'épée levée, tantôt avec les attributs de la paix sur un cheval à l'état de repos, avec la robe, la ceinture et le chaperon, et ayant le faucon au poing. Sur le sceau étoit également gravée la figure du soleil et de la lune, symbole de cette magistrature annuelle; autour étoient rangées les têtes des vingt échevins, avec la légende : *Sigillum communiæ Divionis.*

A dater de 1284, le chef de la municipalité dijonnoise s'appela vicomte-maire, ou vicomte-mayeur; il exerça le droit de justice sur la ville et la banlieue, et établit les contributions sur tous les habitants. Les ducs de Bourgogne, pour contrebalancer la puissance du maire, instituèrent à Dijon un bailli; plus d'une fois il y eut lutte entre ces deux fonctionnaires, mais presque toujours le bailli étoit obligé de céder. A la fin du XIVe siècle, la ville commença à être pavée par les soins du duc Philippe-le-Hardi, qui donna à cet effet 2,000 livres. Ce prince voulut que Dijon portât dans ses armoiries un chef aux armes ducales de Bourgogne, « en reconnoissance des services, de la bonne loyauté et parfait « amour des habitants à son égard. » Philippe donna à Dijon, à l'occasion du passage du roi Charles VI, en 1389, un magnifique tournoi dans la cour de l'église de Saint-Étienne. « Pour l'amour du roi, dit Froissart, « étoit venu à Dijon grand' foison de dames et damoiselles que le roi « véoit moult volontiers. Là étoient la dame de Sully, la dame de Vergy, « la dame d'Épagny, et moult d'autres dames belles et frisques et « moult bien aornées. Elles s'efforçoient de chanter, danser et fort « réjouir le roi, qui fut huit jours à Dijon en ébattements. » Le jour de la fête, le duc parut avec ses chevaliers, vêtus de velours blanc et rouge; les écuyers et les autres officiers portoient des habits de satin de même couleur. Les dames et damoiselles de la duchesse avoient des vêtements de drap d'or. Le duc fit au roi, à la duchesse de Touraine et aux seigneurs qui les accompagnoient, de splendides présents, consistant en pierres précieuses, richement montées en fermails, hanaps, bagues, etc.

La ville de Dijon étoit fière et jalouse des anciens usages relatifs à l'élection du mayeur ou maire. Cette élection se faisoit, depuis l'origine, dans le cimetière de Saint-Bénigne, devant le portail de Saint-Philibert. Lorsque, dans le xve siècle, le lieu de cette assemblée fut transféré au couvent des Jacobins, le peuple crut ses franchises attaquées et voulut prendre les armes. Il fallut, pour le calmer, rendre une ordonnance en vertu de laquelle le maire nouvellement élu continua de recevoir, comme autrefois, sous le portail de Saint-Philibert, les insignes de sa magistrature. L'insulte faite à la personne du maire étoit presque considérée comme un crime de lèse-majesté; un registre de l'hôtel de ville de Dijon nous en donne un curieux témoignage : « Item est délibéré que « pour l'offense et rébellion que Jehan de Droynes, tailleur d'imaiges « (sculpteur), a faite à monseigneur le maire, en lui disant qu'il ne « feroit rien pour lui, et qu'il estoit aussi bien à monseigneur le duc, « et ajoutant plusieurs autres paroles sentant injure et désobéissance, « ledict Jehan de Droynes sera condampné à venir, vendredi prochain, « en la chambre de la ville, crier mercy à mon dit seigneur le maire « et à messeigneurs les échevins, et en oultre, pour l'amende, il sera « condampné à faire sur la porte, devant la maison de ville, une « belle imaige de Nostre-Dame de deux pieds et demi de hault, assise « sur une belle soubasse (soubassement), et soubz icelle soubasse seront taillées les armes de la ville, que deux singes tiendront, et en « la somme de vingt livres. » (*Registre de l'année* 1448). La Bourgogne étoit, au moyen âge, un théâtre de fêtes et de réjouissances publiques, où tout se passoit avec la plus grande magnificence; il y avoit encore, dans le xve siècle, des tournois à Dijon; les jeunes gens montoient à cheval, et combattoient en criant : « *Los à la Vierge* » ou « *Joye au benoist Sainct-Esprit.* » Les dames, placées sur les gradins, animoient les combattants du geste et de la voix. La *Mère folle* jouoit surtout un grand rôle dans les réjouissances des Dijonnois. Cette société joyeuse, dont les statuts furent approuvés par Philippe-le-Bon en 1454, étoit une réunion de personnes de qualité qui se déguisoient et chantoient sur des chariots des couplets et des satires. C'est, dit-on, de ces chariots que vint l'expression proverbiale : *charretée d'injures*. La société de la Mère folle tenoit ses assemblées dans la salle du jeu de paume de la Poissonnerie à Dijon. Le président, qui étoit en même temps qualifié capitaine de l'infanterie dijonnoise, avoit sa cour, sa garde, ses officiers de justice, son chancelier et son grand écuyer. La licence et les désordres qu'occasionnèrent les réunions de la Mère folle la firent supprimer sous Louis XIII. Nous avons parlé de l'entrée solennelle du duc Charles-le-Téméraire dans la capitale de la Bourgogne. Des documents manuscrits du temps nous apprennent que, sous le gouvernement de ce prince, il y avoit à Dijon un inquisiteur de la foi qui fit le procès au Bâtard de Longwy, et condamna au feu une femme sorcière, qui fut livrée au prévôt en 1471. Vers la même époque un Vaudois fut brûlé aux fourches patibulaires par le *carnacier* (bourreau). Le règne de Louis XI est marqué dans l'histoire de Dijon par l'ordonnance qui rendit sédentaire dans cette ville le parlement de la province. Le même roi y fit construire un château entouré de fossés et flanqué de quatre tours. Louis XII, après une maladie qui mit ses jours en danger, envoya, en 1505, à la Sainte-Chapelle de Dijon sa couronne d'or, pour remercier Dieu de sa guérison; il fit réparer vers la même époque l'ancien palais des ducs de Bourgogne endommagé par un incendie, et fit construire le palais de justice. Le 7 septembre 1513 une armée de Suisses et d'Allemands, qui s'élevoit au moins à quarante mille hommes, vint, comme nous l'avons dit, mettre le siége devant Dijon, où commandoit La Trémoille, gouverneur de Bourgogne. Après avoir dévasté les villages de Ruffey et de Saint-Apollinaire, l'ennemi côtoya la ville en tournant par le finage de Crésille pour venir gagner les hauteurs des Chartreux et des Perrières, afin d'y asseoir ses batteries. « L'artillerie, dit l'historien Courtépée, ne cessa de tonner pendant six jours, mais elle ne fit de mal qu'aux murs, aux églises et aux toits des maisons. La Trémoille, enfermé dans la ville avec cinq cents lances et quatre mille aventuriers, n'osoit commettre une aussi foible garnison contre une armée formidable. Les Suisses, après avoir brûlé les faubourgs de Saint-Nicolas, de Saint-Pierre et du Saint-Esprit, firent une brèche considérable dans la courtine qui est entre la porte Guillaume et celle d'Ouche (1)». Ils se disposoient à donner l'assaut, lorsque le gouverneur réussit à les éloigner par des promesses exorbitantes. Pendant la durée du siége, les habitants avoient promené dans les rues l'image de Notre-Dame de Bon Espoir, à l'intercession de laquelle ils attribuèrent principalement la délivrance de leur ville. En commémoration de cet heureux événement, on faisoit à Dijon, le 13 novembre de chaque année, une procession solennelle où l'on portoit en grande pompe l'image vénérée de la sainte Vierge avec les reliques de saint Bénigne et de saint Médard. Cette fête, à laquelle le peuple donnoit le nom de Notre-Dame des Suisses, se célébra jusque vers le milieu du XVIIe siècle. La joie qu'éprouvèrent les Dijonnois du départ des Suisses fut troublée par la détention de leurs plus zélés concitoyens, emmenés en ôtages à Zurich; ils ne sortirent de prison que seize mois après, en payant une forte rançon. Celle de René de Maizières, neveu du gouverneur, fut fixée à 10,000 écus-soleil, et celle de Jean de Rochefort, bailli de Dijon, à 6,000 écus. Quelques années plus tard, François Ier, voulant reconnaître le service que cette ville avoit rendu à la France, accorda aux habitants la faculté de posséder des fiefs sans être nobles, les déchargea des impôts pendant dix ans, et leur donna 4,000 livres sur son domaine. La peste, qui avoit déjà ravagé plusieurs fois la population dijonnoise, fut si violente en 1531 que le maire et les échevins se virent obligés de tenir leurs assemblées hors de la ville; par un vœu solennel, les habitants se mirent sous la protection de sainte Anne pour obtenir la cessation du fléau. Les guerres de religion ne furent pas moins funestes à la capitale de la BOURGOGNE. En 1567 le comte de

(1) *Description du duché de Bourgogne*, tome I, page 269.

Tavannes, gouverneur du duché, averti que les calvinistes lui préparoient le même traitement qu'ils avoient fait subir à la Motte-Gondrin, gouverneur du Dauphiné, en le précipitant des fenêtres de son hôtel, chassa de Dijon les huguenots, au nombre de plus de douze cents, qui habitoient la rue des Forges, et fit emprisonner au château douze des principaux meneurs du parti. Nous avons dit ailleurs comment la ville et la province entière échappèrent, en 1572, aux massacres de la Saint-Barthélemy. En 1576, six mille reîtres appelés au secours du prince de Condé, chef des huguenots, campèrent huit jours devant Dijon, qu'ils espéroient forcer; mais la noblesse, qui s'y étoit renfermée avec les comtes de Charny et de Tavannes, sauva la ville.

Sous le gouvernement du duc de Mayenne, Dijon montra un zèle ardent pour la Ligue; les amis des Guises étoient en majorité dans le parlement; ils s'emparèrent de toute l'autorité, et confièrent la garde des portes à une troupe fanatique qu'ils levèrent et entretinrent à leurs frais. Après l'assassinat de Henri III, ils correspondirent avec les Seize de Paris, et reconnurent pour roi de France le cardinal de Bourbon, sous le nom de Charles X. Le maire, nommé Laverne, et Gault, l'un des capitaines de la milice dijonnoise, avoient tenté de faire rentrer cette ville sous l'autorité du roi légitime; tous deux périrent sur l'échafaud. Les citoyens les plus recommandables par leur rang, leur vertu ou leur patriotisme, furent emprisonnés ou exilés. Les membres royalistes du parlement se retirèrent à Semur en Auxois. Cependant de bons citoyens, restés fidèles au roi, notamment le président Frémiot, le marquis de Mirebeau, Ragny, Cluny, Jaucourt, préparèrent la délivrance de leur pays, et, après le combat de Fontaine-Françoise, Dijon ouvrit ses portes au vainqueur. Henri IV y fit son entrée le 6 juin 1595, à dix heures du matin, par la porte Saint-Pierre. Il y séjourna quelque temps avec toute sa cour; la *Mère folle* mêla ses satiriques représentations aux réjouissances publiques; des mascarades et de joyeuses épigrammes appelèrent le ridicule sur les Ligueurs, « vengeance vraiment bourguignonne», dit avec raison un écrivain. Le roi fut présent, le 21 juin, à l'élection du maire ou vicomte-maïeur, sans vouloir donner aucune atteinte aux priviléges de la commune; il assista en grande pompe, avec les chevaliers du Saint-Esprit, à la procession générale de la Sainte-Hostie, le 1er juillet, et, suivant la remarque d'un annaliste dijonnois, « il se fit un plaisir de se rendre au jardin « de l'Arquebuse pour tirer l'oiseau. »

L'histoire de Dijon n'offre aucun événement remarquable depuis la fin du XVIe siècle jusqu'à l'entrée de Louis XIII dans cette ville, le 31 janvier 1629. Il reçut à Saint-Bénigne le serment du maire et des échevins; mais, au lieu de jurer les priviléges, il se contenta de promettre d'en faire donner lettres de confirmation. Nous avons parlé de la sédition du *Lanturelu* qui éclata bientôt après à Dijon, et nous avons vu comment le roi y revint l'année suivante pour punir les révoltés. L'an 1632, Gaston d'Orléans, en état de rébellion ouverte contre le gouvernement du cardinal de Richelieu, s'avança vers Dijon avec quelques troupes, et fit sommer le maire et les échevins de lui envoyer des vivres. Le parlement lui répondit par un refus formel. Malgré cet éclatant témoignage de fidélité, le parlement de Dijon fut interdit le 14 mars 1637, pour avoir soutenu les droits de la province; les conseillers se retirèrent à Semur, d'où ils furent rappelés au mois d'octobre suivant, par un édit qui les rétablit dans leurs fonctions.

Les milices bourgeoises, à cette époque, commençoient à être remplacées, dans toutes les provinces, par des régiments royaux; cependant le maïeur de Dijon maintenoit opiniâtrément son droit de chef militaire de la ville. « Le prince de Condé, gouverneur de BOURGOGNE, fut appelé, comme habitant de la paroisse Saint-Médard, à la revue des troupes municipales que le maire imagina de passer en grande cérémonie. Condé ne fit aucune difficulté de se soumettre à la loi de la cité, et défila gravement devant le maire, l'épée au poing, à côté de la bannière de Saint-Médard, en compagnie de plusieurs conseillers du parlement, dont les longues robes et les harnois militaires formoient un étrange contraste(1) ».

(1) *La Bourgogne*, par Ducourneau et Alexis Monteil, page 72.

Quelques années plus tard (1643), le duc d'Enghien, vainqueur à Rocroy, vint déposer les drapeaux de l'ennemi dans la Sainte-Chapelle de Dijon, et la ville lui fit présent d'un bassin en or. Pendant les guerres de la Fronde (1650), Louis XIV se rendit à Dijon pour mettre fin aux excursions de la garnison de Seurre qui dévastoit le pays. Le roi offrit le pain bénit à la Sainte-Chapelle, et lava les pieds à douze enfants qui reçurent chacun 1 demi-écu. L'année suivante, cette ville essuya un bombardement. Le duc d'Épernon, qui venoit d'échanger avec le prince de Condé son gouvernement de Guyenne contre celui de Bourgogne, arriva à Dijon le 29 novembre 1651, et mit le siége devant le château où commandoit un officier nommé la Planchette. « Celui-ci se « défendit vaillamment; il fit tirer pendant plusieurs jours le canon sur « la ville, et y jeta des bombes qui répandirent la consternation. On « fit défense de sonner les cloches, pour laisser la facilité d'entendre « les bombes et d'en prévenir les effets. Les églises étoient remplies « d'un peuple nombreux qui imploroit le secours du ciel. Une mine, « que le duc d'Épernon fit jouer sous une des tours du château, déter- « mina les assiégés à capituler le 8 décembre. La ville perdit soixante « hommes, et cinquante furent blessés. Le marquis d'Uxelles se distin- « gua en cette occasion. Les habitants firent, après le siége, une proces- « sion générale à Notre-Dame, en portant à la main une branche de « laurier (1). » Christine, reine de Suède, vint à Dijon le 27 août 1656. Reçue à l'entrée de la ville par les autorités municipales, elle marcha sous un dais depuis la porte d'Ouche jusqu'à la Sainte-Chapelle. Le parlement, en robes rouges, la complimenta, par ordre du roi, et elle fit briller son esprit dans un long entretien avec les conseillers. La singularité de son costume frappa vivement les Dijonnois : « Elle portoit un justaucorps d'homme de satin noir, boutonné jusqu'aux genoux, une jupe noire fort courte, un nœud de ruban au lieu de cravate, et une perruque. » Le 5 novembre 1658 Louis XIV visita la capitale de la Bourgogne, et tint son lit de justice au parlement; il y revint le 8 fé-

(1) Courtépée, *Description du duché de Bourgogne*, II, 79.

vrier 1668, lors de la première campagne de Franche-Comté. Philibert de la Mare, dans ses mémoires manuscrits, raconte que le roi, apprenant à Dijon la prise de Dôle et celle de Salins au moment où il jouoit et étoit en gain, quitta le jeu en disant : « Un homme qui a pris deux villes et gagné 50 pistoles doit être content de sa journée. » Le grand roi passa encore une fois à Dijon en 1674, et y fit quelque séjour avec la reine et le Dauphin. Pendant le XVIIIe siècle, l'histoire de Dijon est marquée par la fondation d'une université (1722), la création de l'évêché (1731), l'institution d'une académie (1740). Cette cité offroit alors une physionomie à part. Ce n'étoit plus la ville princière avec sa cour pompeuse et chevaleresque, ses grands dignitaires, mais c'étoit encore le siége du gouvernement général d'une vaste province, d'une cour de parlement savante et fière, un centre d'études, de mouvement littéraire et de bel esprit. Dijon s'est toujours distingué en effet par son goût pour les lettres et les arts; il a été fécond en hommes illustres, et l'on ne doit pas oublier que la ville natale de Bossuet a vu naître aussi les poëtes Longepierre, Crébillon, la Monnoye, Piron, les présidents Bouhier et de Brosses, le musicien Rameau, les savants Guyton de Morveau et Daubenton.

Si la révolution a dépossédé l'ancienne capitale de la BOURGOGNE de quelques-uns de ses plus beaux édifices, parmi lesquels il faut regretter surtout l'église de Saint-Étienne et la Sainte-Chapelle des ducs, elle offre encore plusieurs monuments d'un grand intérêt au point de vue de l'histoire et de l'archéologie.

Le plus important et le plus célèbre de ces monuments est l'ancienne église abbatiale, aujourd'hui cathédrale de Saint-Bénigne. Son origine remonte aux premières années du VIe siècle. Saint Bénigne, apôtre de la BOURGOGNE, auroit été martyrisé à Dijon l'an 179, sous le règne de Marc-Aurèle, si l'on en croit la plupart des hagiographes; mais un critique érudit qui, dans un ouvrage récent, a contesté tout ce que les historiens de la BOURGOGNE avoient admis sur l'origine de Dijon et ce que nous avons reproduit d'après eux au commencement de ce chapitre, s'attache à démontrer que la mission de saint Bénigne n'est pas antérieure à l'année 250(1). Grégoire de Tours raconte que le corps de saint Bénigne fut mis dans un tombeau placé hors des murs du castrum, assez près de la prison où le bienheureux confesseur de la foi avoit été enfermé(2). On dit que les premiers chrétiens du pays élevèrent sur ce tombeau un oratoire qui étoit en ruine à la fin du VIe siècle(3). Ce qui est mieux établi, c'est qu'en l'année 506, Grégoire, évêque de Langres, fit construire sur le même emplacement une église pour y déposer les restes du saint martyr, et que l'édifice fut achevé et consacré en 535. Peu de temps après, le soin de desservir cette église fut confié à des religieux sortis de l'abbaye de Réome ou de Moutier-Saint-Jean, et qui suivoient la règle de saint Macaire. Autour du monastère s'élevèrent bientôt des habitations qui formèrent le bourg Saint-Bénigne, aujourd'hui compris dans l'enceinte de la ville. L'abbaye de Saint-Bénigne fut enrichie par les libéralités du roi Gontran. Ce prince lui donna tout le village de Larrey, et les terres qu'il possédoit depuis le pont d'Ouche à Dijon jusqu'à Fleurey, avec d'autres biens considérables à Plombières, à Saligny, à Velars, etc., outre un grand nombre de vases d'or et d'argent, des croix, des couronnes, de précieux reliquaires, qui, au XIe siècle, furent vendus par un charitable abbé pour secourir les pauvres.

Dès le temps de Louis le Débonnaire, l'antique église de Saint-Bénigne menaçoit ruine, et les secours des fidèles n'étant pas suffisants pour pourvoir aux réparations urgentes, Herlegaudus, abbé de ce monastère, s'adressa à l'empereur, qui, en l'année 828, écrivit au comte Amé et à plusieurs autres seigneurs de BOURGOGNE d'aider le diacre Herlegaudus à restaurer l'église de Saint-Bénigne, et de ne pas manquer d'exécuter promptement ses ordres s'ils vouloient mériter ses bonnes grâces et avoir part à ses bienfaits. Cette lettre, rapportée dans la *Chronique de*

(1) *Origines dijonnaises,* par M. Roget de Belloguet. Dijon, 1851, in-8°, page 225.
(2) Greg. Turon., *De Gloriâ martyr.*, c. 51.
(3) D. Plancher, *Histoire de Bourgogne,* tome I, page 495.

Saint-Bénigne, a été reproduite par Mabillon dans ses *Annales*, tome II, page 516. Néanmoins, ce ne fut que sous Charles le Chauve, en 871, qu'Isaac, évêque de Langres, fit restaurer le monastère de Saint-Bénigne, au moyen de sommes d'argent fournies par l'empereur; il accrut les possessions de la communauté, et y remplaça les disciples de saint Macaire par des moines de l'ordre de saint Benoît. Un siècle plus tard, quelques désordres s'étant introduits parmi les nouveaux religieux, l'abbé Guillaume, que l'Église a mis au nombre des saints, parvint, avec l'aide de douze moines de Cluny, à remédier à ces abus; et lorsqu'il mourut, en 1031, les règles et usages qu'il avoit établis étoient acceptés dans plus de cinquante prieurés conventuels, qui tous reconnoissoient l'abbé de Saint-Bénigne pour supérieur général, et formoient une sorte de congrégation à laquelle on a quelquefois donné le nom d'ordre de Saint-Bénigne. Saint Guillaume mérite le titre de restaurateur du monastère aussi bien que celui de réformateur. Le vieil édifice bâti par saint Grégoire de Langres, malgré les réparations qu'on y avoit faites au IXe siècle, se trouvoit dans un état de caducité qui exigeoit une reconstruction presque complète. Bruno, évêque de Langres, se chargea de la plus grande partie de la dépense, et les travaux, commencés sous la direction du saint abbé Guillaume, le XVI des calendes de mars 1001, furent terminés le III des calendes de novembre 1016. Cette belle basilique, qui fut consacrée par le pape Pascal II en 1106, étoit bâtie en forme de rotonde; on y comptoit, suivant un ancien historien, trois cent soixante et onze colonnes, dont cent quatre étoient faites des marbres les plus précieux, cent-vingt fenêtres, trois grandes portes et vingt-quatre entrées. Une haute tour, qui s'élevoit au milieu de l'église, servoit également à la défense et à l'ornement du monastère. La chute de cette tour, arrivée le 1er mars 1271, écrasa tout l'édifice. Ce désastre ne tarda pas à être réparé. En 1280, l'abbé Hugues d'Arc, aidé des secours du duc de Bourgogne Robert II, entreprit la réédification de l'église, et lui donna des proportions beaucoup plus grandes. Ce monument, achevé en 1288, est l'église actuelle, dont nous donnerons plus loin la description, en cherchant à déterminer ce qu'elle a pu conserver des deux édifices plus anciens qu'elle a remplacés.

La haute antiquité de l'abbaye de Saint-Bénigne, l'importance de ses priviléges, les richesses immenses dont elle jouissoit, la régularité de sa discipline, la piété et le savoir de ses religieux, lui avoient acquis l'un des premiers rangs parmi les monastères de la BOURGOGNE. Dès le VIIe siècle, en 686, une bulle du pape Jean V, écrite sur écorce de palmier, relevoit les religieux de Saint-Bénigne de la juridiction ordinaire de l'évêque de Langres, et les soumettoit directement au saint-siége; au XIe siècle, ils obtinrent des ducs de BOURGOGNE le droit de battre monnoie, qui auparavant appartenoit exclusivement à l'abbaye de Saint-Étienne. L'abbé de Saint-Bénigne étoit chef du clergé de Dijon; il jouissoit des droits de justice dans l'enceinte de son monastère, de ceux de banalité pour son four, de la franchise de ses marchés; il avoit la garde des clefs des deux portes qui limitoient son territoire, la porte d'Ouche et la porte Guillaume. Mais la plus importante des prérogatives de l'abbaye étoit le droit en vertu duquel les ducs étoient tenus de jurer sur l'autel de Saint-Bénigne le maintien des libertés de la BOURGOGNE, coutume qui continua d'être observée par le roi après la réunion de cette province à la France. Le duc, après avoir prêté serment, recevoit des mains de l'abbé l'anneau ducal dont il avoit la garde, le manteau et la couronne. Cet anneau, orné d'un riche rubis, avoit été acheté, moyennant 15,000 livres, d'Antoine Gentil, par le duc Philippe le Hardi, le 21 octobre 1397. Après la cérémonie, l'anneau étoit remis entre les mains de l'abbé, ainsi que les éperons du duc, que celui-ci rachetoit ordinairement par un riche présent. Seize officiers claustraux formoient à l'abbé de Saint-Bénigne une véritable cour : les principaux étoient le grand prieur, le grand chantre, le trésorier, qui avoit aussi la charge de bibliothécaire; « le garde du corps de saint-Bénigne », le chambellan, dont l'office étoit d'introduire les princes dans l'abbaye. Le revenu de vingt-quatre prieurés situés dans les diocèses de Langres, de Châlon, d'Autun, de Toul, de Besançon, de Sens et de Bayeux, celui de cinq chapelles et de trente-neuf cures, fournissoient aux émoluments de ces dignitaires. Les produits des terres de l'abbaye, disséminées dans plus de trois cents villages, atteignoient au xve siècle le chiffre, énorme pour le temps, de 300,000 livres.

Le trésor du monastère renfermoit des objets d'art inestimables, parmi lesquels on distinguoit sept châsses en vermeil; les bustes en argent de saint Urbain, de saint Grégoire, de saint Maurice et de sainte Cécile; la statue en vermeil de la sainte Vierge; une nef d'or donnée par Wladislas, duc de Pologne, qui prit l'habit religieux à Saint-Bénigne, en 1370; les magnifiques reliquaires d'or apportés de Jérusalem par les abbés Apollinaire et Fulcherius, et dans lesquels on conservoit des parcelles de la vraie croix, de l'éponge et de la couronne d'épines. La bibliothèque étoit riche en manuscrits précieux, dont un grand nombre remontoient à une époque fort ancienne. On y comptoit entre autres plus de trois cents volumes apportés d'Angleterre par l'abbé Darenton en 1078. Les plus beaux livres de cette bibliothèque étoient ornés de miniatures et d'initiales historiées, dues au talent de quelques artistes dont les noms se sont conservés. On cite parmi eux le Sarrasin converti Abdolbaldus, l'Anglois Walter, Gérard, Odon, Lambert, Jacob. On attribuoit à un autre moine de l'abbaye nommé Guibert la restauration d'un crucifix miraculeux du viie siècle qu'on voyoit dans le dortoir, et qui, dit-on, avoit parlé deux fois.

Depuis sa fondation jusqu'au xve siècle, l'abbaye de Saint-Bénigne a donné à l'Église vingt saints et dix évêques; elle a produit pendant la même période un grand nombre d'abbés et de religieux illustres par leur piété et par leur savoir. C'est aux moines de cette abbaye qu'on doit la Chronique de Saint-Bénigne, monument précieux pour l'histoire du xie siècle. Un religieux du même monastère, Hugues, qui fut depuis abbé de Flavigny, au diocèse d'Autun, composa, vers la même époque, une autre chronique fort estimée. Mais peu à peu on vit diminuer chez ces disciples de saint Benoît le goût des études et la soumission aux règles austères de leur ordre. L'abbaye fut mise en commende à la fin du XVe siècle, et Frédéric Frégose, noble Génois, qui en obtint le bénéfice, éprouva de la part de ses religieux une certaine résistance, lorsqu'il s'efforça de rétablir dans la communauté l'ancienne discipline. Frégose chargea plusieurs artistes, ses compatriotes, de décorer le monastère de peintures et de sculptures dont il ne reste malheureusement plus que le souvenir. Il avoit fait orner la salle capitulaire de chaises à dossier et à dais sculptés d'un merveilleux travail; sur le panneau du siége abbatial on avoit représenté une jeune fille tenant des roses dans sa main ensanglantée, avec cette devise qui rappeloit les ennuis de la dignité pour laquelle il avoit quitté sa patrie : *Tant est l'épine près de la rose.* Frégose retourna en Italie vers 1525, et mourut cardinal en 1541. Les abbés commendataires qui lui succédèrent à Saint-Bénigne ne s'occupèrent guère que des revenus de l'abbaye; mais, en 1651, la réforme de la congrégation de Saint-Maur y fit renaître le goût des laborieuses études. C'est à cette dernière lueur de l'esprit de saint Benoît que nous sommes redevables du beau monument d'érudition élevé à l'histoire de la BOURGOGNE par D. Plancher et D. Merle (1739—1781), précieux, mais dernier témoignage de ce zèle pour les travaux sérieux de l'esprit, qui s'éteignoit partout alors, même dans les cloîtres.

Au moment de la révolution, l'abbaye de Saint-Bénigne, qui avoit été dépouillée au XVIe siècle de ses plus riches objets d'art pour servir aux frais de la guerre contre les huguenots, et dont la bibliothèque étoit depuis longtemps dispersée, n'offroit plus que peu de vestiges de sa première splendeur, surtout depuis que sa mense abbatiale avoit été réunie, en 1775, au nouvel évêché de Dijon. Les dévastateurs de 1793 ne trouvèrent dans le trésor du monastère que des vases sacrés de médiocre valeur, mais ils détruisirent la plupart des belles sculptures qui faisoient l'ornement de l'église abbatiale, les statues de son portail et, ce qui est surtout à jamais regrettable, l'antique rotonde byzantine, dont heureusement les bénédictins nous ont conservé l'image. Nous en donnons la gravure d'après eux. Ce monument étoit la reproduction moins étendue de la rotonde du Saint-Sépulcre à Jérusalem, incendiée en 1808. Le dôme, au Saint-Sépulcre, a conservé encore une ouverture semblable à celle que l'on remarque dans notre dessin de la rotonde de Saint-Bénigne.

L'église de Saint-Bénigne n'a été érigée en cathédrale qu'en 1801, à l'époque du concordat. Depuis la création de l'évêché de Dijon jusqu'en 1789, ce titre avoit été attaché à l'église de Saint-Étienne, qui aujourd'hui ne sert plus au culte.

Avant de faire connoître l'église de Saint-Bénigne telle qu'elle est à présent, nous emprunterons à l'*Histoire de Bourgogne* de D. Plancher la description de ce qu'elle étoit au XVIIIe siècle, et particulièrement de ses parties les plus anciennes, qui ont été détruites à la révolution.

« Sous le nom de Rotonde de Saint-Bénigne, on entend non-seulement cet édifice bâti en rond, soutenu d'un grand nombre de colonnes ou piliers, et qui sert comme d'ornement au tombeau de Saint-Bénigne, mais encore les chapelles qui y sont jointes du côté de l'orient..., et en outre tout ce qui s'y trouve annexé immédiatement du côté de l'occident; c'est-à-dire d'autres restes de l'ancienne église et de ses ailes ou collatéraux, avec le tombeau de Saint-Bénigne.

« La Rotonde, prise seule, est un édifice fait en rond, qui néanmoins n'est pas exactement rond; il a environ cent quatre-vingts pieds de circonférence dans œuvre, cinquante-cinq pieds de diamètre, trois étages, et, au milieu, une espèce de tour octogone toute à jour, finissant en dôme par le haut, et composée de quatre étages chacun de huit arcades, soutenues dans les trois premiers étages par des colonnes, et dans le quatrième par des pilastres qui supportent sur des arondes une façon de dôme, au milieu duquel il y a une ouverture ronde de neuf pieds ou environ de diamètre. Cette espèce de tour a seize pieds de diamètre et soixante-cinq pieds de haut. Les colonnes d'en bas, qui portent le corps de cet édifice, ont cinq pieds de tour, leur fût six pieds de haut, leur base treize à quatorze pouces, ayant chacune deux gros tores ou anneaux ronds, celui de dessus plus petit,

« celui d'en bas plus gros, et un creux ou scotie entre les deux. Leur « chapiteau est fort massif et a deux pieds de haut, taillé aux quatre « coins en forme de feuilles de palme, sans aucun ornement. Les « colonnes du second étage n'ont que quatre pieds trois pouces de « circonférence, celle du troisième en ont encore moins; et toute cette « tour octogone a de circonférence soixante et douze pieds en dehors « et cinquante-six seulement en dedans.

« Les trois étages de la rotonde sont de même grandeur et étendue, « de quatorze à quinze pieds d'élévation sous voûte; chaque étage a ses « ornements; il a aussi ses chapelles dont il porte le nom.

« La rotonde d'en bas portoit autrefois le nom de Saint-Jean-Baptiste, « parce que la chapelle qui y est jointe avoit été consacrée sous l'in- « vocation de ce saint Précurseur...; mais aujourd'hui, et depuis long- « temps, on lui donne le nom de Saint-Bénigne, qui est représenté en « cette chapelle baptisant saint Symphorien par infusion et par im- « mersion tout ensemble. Cette rotonde a trois rangs de colonnes, deux « disposés en rond et formant comme deux arches, et le troisième « octogone, faisant partie de cette prétendue tour à jour dont on a « parlé. Le premier et le plus grand rond de colonnes ou piliers placés « autour du mur en contient vingt-quatre; le second seize, le troisième « huit. Les vingt-quatre colonnes qui composent le grand rond, et « sont appliquées au mur, sont de différentes grosseurs et d'espèces « différentes, les unes de grosse pierre dure, les autres de pierre tendre « et blanche. Elles ne sont toutes que des moitiés de colonnes creuses, « faites des dessus et des dessous de plusieurs anciens tombeaux, qui « ont été arrondis d'un côté. Plusieurs de ces fausses colonnes ont des « chapiteaux chargés d'ornements gothiques travaillés sur une pierre dif- « férente en espèce de la tige qui les porte. Les seize colonnes du second « rond sont uniformes et entières, de grosse pierre dure, sans autre or- « nements qu'une espèce de feuille de palme simple aux quatre coins « de leur chapiteau, qui est fort massif. Les huit de l'octogone sont de » même espèce, et un peu plus grosses, ayant cinq pieds de circonférence.

« Cette chapelle, autrefois de Saint-Jean-Baptiste, aujourd'hui de Saint-« Bénigne, qui donne le nom à la rotonde d'en bas, n'est point dans « cette rotonde, mais elle y tient et y aboutit du côté d'orient; et, « depuis la rotonde jusqu'à cet autel, autrefois de Saint-Jean, à présent « de Saint-Bénigne, il y a quarante-cinq pieds de longueur : on y monte « par cinq degrés qui portent environ quarante pouces de hauteur. « Cette chapelle a quinze pieds de large, et est éclairée par cinq fenêtres, « dont trois sont à l'orient, derrière l'autel, et les deux autres aux deux « côtés de la chapelle, l'une au midi, l'autre au septentrion.

« Vis-à-vis de cette chapelle, et à son opposite, au delà du grand « rond de colonnes de cette rotonde d'en bas, hors du rond, et quatre « pieds plus bas, il y a six autres grosses colonnes de chacune six « pieds de tour, qui forment un cintre, dans lequel se trouve renfermé « le tombeau de saint Bénigne. Les deux colonnes du milieu de ce « cintre, avec les deux dernières du grand rond, qui sont les plus or-« nées, forment et soutiennent une double arcade et une voûte parti-« culière, sous laquelle étoit autrefois l'autel de saint Bénigne; de « même que celui de la très-sainte Trinité étoit au-dessus, dans la « rotonde d'en haut, sous une voûte semblable. Sur le chapiteau d'une « de ces grosses colonnes du grand rond, placées du côté d'occident, « on lit en grosses lettres romaines : WILENGVS LEVITA, et non pas « WILLELMVS LEVITA, comme l'a marqué le Père Mabillon, trompé par « de faux mémoires qu'il a suivis.

« On descend au tombeau de saint Bénigne par deux escaliers de « chacun cinq degrés. L'espace ou l'enceinte où ce tombeau est placé « est de quatorze à quinze pieds de long, et d'environ six pieds et demi « de large, fermé de tous côtés d'un mur de cinq pieds et demi de « haut, couvert d'une voûte faite exprès, soutenu de huit colonnes de « pierre, dont les quatre du milieu étoient autrefois de marbre. Ces « quatre colonnes de marbre soutenoient deux arcades de pierre sur « lesquelles étoit posée la châsse de saint Bénigne... Elle étoit de bois, « et revêtue de toutes parts de plaques d'or et d'argent, où étoit repré-

« sentée en figures l'histoire de la naissance et de la passion de Notre-« Seigneur. Mais l'abbé Guillaume ayant, à l'exemple des anciens Pères, « vendu l'or, l'argent et les pierres précieuses dont cette châsse étoit « ornée pour en soulager les pauvres dans un temps de famine, elle « resta pendant plus de deux cent cinquante ans sans autres ornements « que ceux qu'elle avoit reçus de l'ouvrier en bois qui l'avoit fabri-« quée. Ce fut de cette châsse que l'abbé Hugues d'Arc tira les reliques « du saint martyr pour les transférer dans une autre. Cette ancienne « châsse de bois subsiste encore; elle a six pieds de long et environ « trois pieds de haut. Le tombeau de saint Bénigne n'est pas entier; « il n'y a que le dessous du tombeau, fermé par le haut et des deux « côtés par trois grandes pierres de chacune six pieds deux pouces de « long. Celle de dessus a deux pieds quatre pouces de large, et les deux « qui sont aux côtés ont chacune trois pieds.

« A sept pieds, ou environ, de distance de chaque côté du tombeau « de saint Bénigne, il y a deux arceaux, l'un au midi et l'autre au « septentrion, par lesquels on passe pour entrer dans les deux ailes de « l'église inférieure et souterraine; dans le chevet ou rond-point de « chacune de ces ailes il y a un autel, et derrière chaque autel il y « avoit trois fenêtres qui, dans leur première origine, éclairoient et les « autels et les basses ailes de cette église, et qui, dans la suite, ont été « bouchées, étant devenues inutiles par les deux tours élevées depuis « de chaque côté de la Rotonde, devant et tout proche les trois fenêtres « de l'une et de l'autre des chapelles placées dans le fond des deux « ailes : preuve que ces ailes ou collatéraux sont plus anciens que « les tours, construites par l'abbé Guillaume au commencement du « XIe siècle...; preuve encore que cette église souterraine et ses basses « ailes sont des restes de l'église qui avoit été réparée au IXe siècle, et « qui subsistoit encore lorsque l'abbé Guillaume prit le gouvernement « de l'abbaye de Saint-Bénigne en 990.

« Ces deux chapelles placées dans les ailes de la basse église ont « chacune onze pieds ou environ de large et autant de haut. Elles

« avoient autrefois, comme le reste de cette basse église, dix coudées, « la coudée prise pour un pied et demi, c'est-à-dire quinze pieds de « haut; mais le terrain s'est tellement élevé dans la suite des temps, « qu'au lieu de trente-sept degrés dont étoient anciennement composés « les deux escaliers renfermés dans les deux tours ajoutées, comme on « l'a dit, par l'abbé Guillaume, lesquels escaliers servoient et servent « encore pour monter de la rotonde d'en bas dans celle du milieu, il « n'en reste aujourd'hui que vingt-neuf, ce qui diminue la hauteur de « près de trois pieds et demi. La longueur des mêmes chapelles étoit « de vingt et un pieds depuis le fond de leur rond-point jusqu'au « premier rang de colonnes. Il y avoit encore deux autres chapelles « placées dans le fond des secondes ailes qui régnoient de chaque côté, « plus courtes que les premières d'environ quinze pieds. Ces chapelles « n'avoient chacune qu'une fenêtre placée dans le fond du rond-point, « et derrière l'autel; elles étoient larges de huit pieds et longues de six « seulement.... La seconde aile, du côté du midi, fut entièrement dé- « truite lorsqu'on bâtit, sur la fin du XIIIe siècle, la nouvelle église « qu'on voit aujourd'hui. Celle du côté du septentrion subsiste encore « en partie; le fond ou le rond-point où étoit la chapelle est en son « entier, mais l'autel est détruit.

« Au-dessus des quatre chapelles placées dans le fond des quatre ailes « de l'église inférieure étoient quatre rangs de colonnes placées dans « les basses ailes, de six pieds en six pieds, et dans le milieu de l'église, « de huit pieds en huit pieds. Ces rangs de colonnes s'étendoient du « septentrion au midi. Chaque rang contenoit douze colonnes, et faisoit « une longueur en travers d'environ quatre-vingts pieds, en quoi con- « sistoit toute la largeur de cette basse église... Au milieu de ces quatre « rangs de colonnes et au dessous de ce milieu étoient quatre autres « rangs de colonnes, placées de huit en huit pieds; chaque rang étoit « encore de douze colonnes et s'étendoit d'orient en occident. L'auteur « de la *Chronique de Saint-Bénigne* a dit à tort que cette église infé- « rieure avoit la forme d'un T. L'église d'en bas, comme celle d'en

« haut, a toujours eu la figure d'une croix. Cette disposition en T ne « convient qu'à l'arrangement des colonnes et nullement au plan de « l'église. Les huit rangs de colonnes dont on a parlé comprenoient « quatre-vingt-seize colonnes, et huit autres soutenoient la voûte qui est « au-dessus du tombeau de saint Bénigne, ce qui complète le nombre de « cent quatre colonnes que l'auteur de la *Chronique* place dans la basse « église. Le Père Mabillon en a supposé à tort cent quatre-vingt-deux.

« La longueur de cette église inférieure et souterraine ne sauroit « être fixée exactement; mais elle devoit dépasser cent vingt pieds. Il « ne reste plus de cette basse église que ces morceaux qui, joignant « immédiatement la rotonde d'en bas, sont aujourd'hui compris sous « son nom; de même que ceux qui restent de la grande église ou de « l'église d'en haut sont compris sous le nom de *la Rotonde du milieu*, « dont il faut parler à présent.

« La rotonde du milieu ou du second étage a la même circonférence, « le même diamètre et la même hauteur que celle d'en bas; elle est « appelée, dans la *Chronique, Basilique de Sainte-Marie, mère de Dieu.* « Elle est ornée et soutenue de trois rangs de colonnes comme celle d'en « bas, et chaque rang en contient le même nombre, avec cette diffé- « rence que celles qui composent le plus grand rond, et sont appliquées « au mur, sont entières, et non des demi-colonnes; qu'elles sont à peu « près de même grosseur, et ornées de chapiteaux travaillés de diffé- « rentes manières, dont plusieurs sont peu propres aux colonnes où ils « sont appliqués. Outre les quarante-huit colonnes qui forment ces trois « ronds, il y en a encore plus de trente autres, tant autour des murs « qu'au cintre de la grande église ancienne, qui est comprise dans cette « rotonde du milieu. Ainsi, au lieu de soixante-huit colonnes que la « *Chronique* donne à cette rotonde du milieu, on y en voit encore à « présent plus de quatre-vingts, dont il y en a au moins une vingtaine « de différentes espèces de marbres cipolin, granit et campan, qui, « n'ayant pas été polies, ne paroissent ce qu'elles sont qu'à ceux qui « les examinent de près.

« A l'orient de cette rotonde est un petit escalier de quatre degrés par « où l'on monte à l'église ou chapelle de Notre-Dame, dite autrefois « du Saint-Lieu, et depuis environ quarante-cinq ans (depuis 1693), « appelée de Notre-Dame et de Sainte-Gertrude, ou même quelquefois « de Sainte-Gertrude seulement, parce qu'aux pieds d'une nouvelle image « de la sainte Vierge on y a mis une figure de sainte Gertrude. Aux « deux côtés de ce petit escalier il y avoit autrefois deux autels... La « chapelle de Notre-Dame, où l'on monte par un escalier, a quarante-« cinq pieds de long, comme celle d'en bas, et dix-huit pieds de large. « L'autel étoit autrefois, c'est-à-dire du temps de l'abbé Guillaume, tout « de marbre, et même la chapelle en étoit toute garnie. Son pavé, fait « à la mosaïque, étoit composé de plusieurs petits morceaux de marbre « de différentes couleurs, qui, par leur arrangement, formoient divers « compartiments et différentes figures d'animaux; il reste encore quelque « chose de cet ancien pavé.

« A la tête de cette chapelle, du côté de l'orient, et au-dessus de sa « voûte, sous laquelle est placé l'autel de la Sainte-Vierge, s'élève une « tour carrée dont chaque pan a quatorze à quinze pieds de large dans « œuvre. Dans son origine elle n'étoit pas haute, et elle avoit trois « fenêtres dans chaque pan, deux à côté l'une de l'autre, et la troisième « au-dessous des deux. Ces anciennes fenêtres sont sans aucun pare-« ment, sans ornements, sans colonnes, de même pierre et de même « structure que le mur et que le corps de la tour, qui depuis a été élevé « de près d'un tiers plus qu'il n'étoit dans son origine. Dans cette élé-« vation ajoutée il y a deux fenêtres à chaque face ou pan de la tour, « soutenues et partagées par un pilastre.

« A l'occident de cette rotonde du milieu, et au delà du grand rond « de colonnes, sont six grosses colonnes de six pieds de tige et de six « pieds de circonférence, lesquelles forment un cintre ou rond-point « semblable à celui d'en bas, dont on a parlé, et des deux côtés, dans « une distance égale à celle que les colonnes ont entre elles, mais un « peu plus en arrière, il y a une grosse pile de maçonnerie de six

« pieds de large, ornée par le haut de quatre colonnes aux quatre « coins, telles qu'elles sont décrites dans la *Chronique*. Ces six colonnes « avec les deux piles de maçonnerie formoient le rond-point de la « grande église ou de l'église supérieure.

« A droite et à gauche et hors de ce rond-point, on voit encore les « restes des basses ailes doubles dont il étoit accompagné, et, dans le « fond de ces quatre basses ailes, quatre chapelles et quatre autels : « deux au septentrion, dont l'un étoit autrefois sous le nom des apôtres « saint Pierre et saint André, l'autre sous celui de Saint-Barthélemy, « Saint-Simon et Saint-Thadée. A ces deux autels on en a substitué deux « autres sous les noms de Saint-Laurent et de Notre-Dames-de-Bon-« Secours, qui sont placés sous les mêmes arcades et dans le fond des « basses ailes anciennes. Les deux autres chapelles et autels du côté du « midi étoient, le premier sous le nom de Saint-Mathias, Saint-Barnabé « et Saint-Luc, le second sous le nom des saints diacres Étienne, Lau-« rent et Vincent. Sous les mêmes voûtes sont encore à présent deux « autels, le premier du Saint-Crucifix, le second de Saint-Bénigne.

« Ces quatre chapelles étoient à l'orient des quatre basses ailes. Il y « avoit deux autres chapelles à l'occident des mêmes basses ailes, l'une « dans le premier collatéral et du côté du midi, en l'honneur des « saints Mammès, Didier, Léger, Sébastien et Gengoux, martyrs; l'autre, « du côté du septentrion, en l'honneur des saints martyrs Polycarpe, « Andoche, Tyrse, Andéole, Symphorien, George, Christophe, et des « saints confesseurs Urbain et Grégoire, évêques de Langres, desquels « confesseurs cette église possédoit et possède encore les saintes reliques, « au moins en partie.

« L'autel principal de cette église fut consacré sous les noms de Saint-« Maurice, de Saint-Bénigne et de tous les Saints. Il étoit placé au milieu « de deux autres autels, l'un à sa droite en l'honneur de l'archange « saint Raphaël et de tous les saints Anges; l'autre à sa gauche, en l'hon-« neur de saint Marc l'évangéliste. C'étoit sur cet autel qu'on faisoit la « communion du précieux sang, qui étoit en usage sous les deux espèces.

« Vers le milieu de la même église, il y avoit un autre autel sous le nom « de Sainte-Croix et de tous les Saints, et, devant cet autel, trois portes « et trois escaliers, chacun de quinze degrés, par où l'on descendoit dans « l'église d'en bas, où étoit le tombeau de saint Bénigne.

« De toute cette église il ne reste plus que cette partie qui se voit « dans ce que l'on appelle aujourd'hui *Rotonde du milieu*, et cette partie « consiste dans le rond-point, le fond des basses ailes et les chapelles « dont on a parlé. Elle avoit cent vingt-huit coudées, c'est-à-dire cent « quatre-vingt-douze pieds de long, sans y comprendre la rotonde qui lui « tenoit lieu de chevet; sa largeur étoit de cinquante-trois coudées, c'est- « à dire d'environ quatre-vingts pieds, et sa hauteur de quarante coudées. « Au milieu de l'église il y avoit une haute tour de pierre fort élevée, « soutenue de quatre gros piliers. L'auteur de la *Chronique*, confondant « la rotonde et les chapelles qui la joignent du côté de l'orient avec « cette église, lui donne huit tours, trois apparemment de chaque côté « de la rotonde et de la grande église, de la même figure que les deux « qui restent entières au septentrion et au midi de la rotonde, la grosse « qui étoit au milieu, et celle qui subsiste à l'orient de la rotonde, « et qui est appuyée et fondée sur les murs de la première et plus « ancienne église. Elle est carrée, comme on l'a dit, et elle a été « augmentée d'un tiers de plus qu'elle n'avoit de sa première élévation.

« La même église jointe à la rotonde, et la rotonde comprise, pou- « voit avoir trois cent vingt-cinq pieds de longueur; elle avoit trois « grandes portes, celle du bout de l'église, à l'occident, qui étoit la « principale, celle du septentrion, qu'on appeloit de *Saint-Barthélemy*, « parce qu'elle étoit placée au milieu de l'aile basse qui répondoit à « la chapelle de Saint-Barthélemy; la troisième, placée au midi, étoit « nommée de *Saint-Étienne*, parce qu'elle étoit au milieu de l'aile basse « qui répondoit à la chapelle de Saint-Étienne, qui en occupoit le fond « ou le rond-point.

« De la rotonde du milieu on monte par deux escaliers, de chacun « trente degrés, dans la rotonde d'en haut, appelée dans la *Chronique*

« *de Saint-Bénigne* l'*église de la Très-Sainte-Trinité*, parce qu'elle avoit « été dédiée sous ce nom, qui étoit celui de son autel principal, placé « à l'occident sous une voûte particulière d'où il pouvoit être aperçu « de toutes les parties de la grande église, que cette rotonde fermoit « du côté de l'orient. A l'opposite de cet autel de la Sainte-Trinité, et « vis-à-vis, étoit placé l'autel de Saint-Paul. On éleva plus tard, à une « certaine distance, deux autres autels dont l'un apparemment remplaça « celui de Saint-Paul. Ce changement se fit, comme je crois, dans le « xve siècle, lorsque, par dévotion et pour donner à cette église et à « cette chapelle une nouvelle forme et une plus belle décoration, on « la remplit de diverses peintures appliquées tout autour sur les murs. « Il en reste encore quelques vestiges... La rotonde d'en haut, dont je « parle ici, et qui est, dit l'auteur de la *Chronique*, faite en forme de « couronne, n'a que deux rangs de colonnes, l'un de vingt-deux, appli- « quées contre le mur, l'autre de huit; et celui-ci forme le troisième étage « de la tour ou dôme fait à jour, placé au milieu des trois rotondes. Au- « dessous du plus grand rang de vingt-deux colonnes, il y a un espace « de vingt et un pieds de long et un mur de chaque côté, de la même « longueur. Sur ce mur, de l'un et de l'autre côté, il y a trois colonnes « appliquées, et entre les murs il y a une largeur de trente-trois pieds. « Le nombre des colonnes de cette dernière rotonde, ou du troisième « étage de la rotonde, est de trente-six, qui n'ont toutes que cinq pieds « de tige, à la réserve des huit de la tour ou du dôme, qui ont six pieds. « La circonférence et le diamètre de cette rotonde d'en haut sont à peu « près les mêmes que dans celles du bas et du milieu. La hauteur, qui « n'a pas varié depuis le xie siècle, est de trente pieds.

« Il y a dans cette rotonde quatre escaliers, deux à l'orient des deux « côtés de l'autel de la Sainte-Trinité, détruit depuis quinze ou seize « ans. Ces deux escaliers, de chacun quinze degrés, servent pour monter « à la chapelle de Saint-Michel, placée au-dessus de celle de Notre-Dame « dont on a parlé. Elle est sans aucun ornement et sans autre voûte « qu'une espèce de coquille sous laquelle étoit placé l'autel. Cette

« voûte ou coquille a quatorze pieds de haut et autant de large; « elle peut avoir dix à onze pieds de profondeur. L'autel placé sous « cette coquille consistoit en une table de pierre longue de quatre pieds « deux pouces et large de deux pieds et demi, posée sur une seule pe- « tite colonne de pierre semblable. Derrière et à côté de cet autel il « y avoit trois fenêtres de deux pieds et demi de large et de cinq pieds « de haut placées dans les trois pans de la tour carrée dont on a déjà « parlé. La chapelle a quarante pieds de long sur vingt et un de large. « L'auteur de la Chronique lui donne dix coudées ou quinze pieds de « haut, ce qui fait assez comprendre que la chapelle n'avoit pas autre- « fois plus de hauteur que la voûte sous laquelle étoit placé son autel; « mais depuis on a tellement élevé les murs et la charpente de cet édi- « fice, que la même chapelle, dans ce qu'elle contient hors de la voûte « de l'autel, a plus de vingt-cinq pieds de haut, et que son faîte se trouve « au niveau de la tour carrée dans laquelle son autel étoit placé.

« Les deux autres escaliers sont, l'un au midi, l'autre au septentrion, « vis-à-vis l'un de l'autre, et conduisent tous deux au haut des tours « dans lesquelles ils sont posés. L'ancienne Chronique leur donne à « chacun cinquante degrés; ils n'en ont cependant jamais eu seulement « trente-cinq, et il faudroit leur en donner plus de cent, si l'on vou- « loit leur en fournir assez pour pouvoir monter jusqu'au haut des deux « tours telles qu'elles sont aujourd'hui. Mais comme, dans l'origine, elles « n'étoient pas si hautes, on n'avoit pas besoin d'un si haut escalier.

« Au bas de ces deux escaliers aboutissoient de chaque côté deux ga- « leries qui régnoient tout autour de l'église en dehors. On alloit à cou- « vert et sans danger par ces galeries des deux côtés jusqu'au vestibule « de la grande église, où l'on descendoit par deux escaliers de chacun « vingt degrés. »

Après cette description de toutes les parties de l'ancienne église de Saint-Bénigne, D. Plancher réfute l'opinion des écrivains qui ont considéré la rotonde comme un ancien temple du paganisme approprié au culte chrétien. Cherchant ensuite à déterminer l'époque de construction des divers bâtiments, il démontre que la grande rotonde centrale a été bâtie entièrement par l'abbé Guillaume au commencement du XIe siècle, excepté la partie supérieure, qui fut ajoutée après l'incendie, arrivé en 1137. Il s'attache ensuite à distinguer de cette rotonde centrale tout ce que l'abbé Guillaume conserva des deux basiliques primitives élevées au VIe siècle. Suivant le docte Bénédictin, deux parties de l'édifice doivent être considérées comme appartenant à cette époque reculée, savoir : 1° à l'occident de la rotonde, l'étage inférieur et l'étage du milieu sont des restes de la première église bâtie par saint Grégoire, évêque de Langres, au commencement du VIe siècle; 2° à l'orient de la rotonde les basses ailes et les chapelles qui y sont adossées sont des restes de la seconde église construite par saint Grégoire au VIe siècle, et ornée par l'abbé Guillaume au commencement du XIe. Cette opinion de D. Plancher sur ce qui pouvoit rester de son temps des églises du VIe siècle n'a pas été entièrement confirmée par les fouilles opérées de 1858 à 1859, et dont nous parlerons plus loin.

Les mutilations que l'église de Saint-Bénigne a subies à l'époque de la révolution lui ont fait perdre ce qu'elle avoit de plus précieux pour l'archéologue, particulièrement sa belle rotonde du XIe siècle. Toutefois ce monument, dans son ensemble, offre encore un assez grand intérêt.

La longueur de l'édifice est de deux cent treize pieds; sa largeur de quatre-vingt-sept; sa hauteur de quatre-vingt-quatre. La façade, flanquée de deux tours, dont la partie supérieure est octogone, est surmontée d'un toit à six pans et percée d'une grande fenêtre flamboyante. Au-dessus du transsept s'élance, à près de trois cents pieds de hauteur, une flèche hardie, construite en 1742 par deux habiles charpentiers dijonnois, Jacques Sauvestre et Linassier. Cette flèche présente des côtes rentrantes et saillantes, et se termine en spirale. Le porche qui donne entrée à cette cathédrale est surmonté d'une élégante galerie à jour. Le portail, œuvre du XIe siècle, dont on trouve une description étendue et un précieux dessin dans l'*Histoire de Bourgogne* des Bénédictins, étoit orné autrefois, sur les côtés, de huit statues représentant saint Pierre, saint Paul, Moïse, saint Grégoire, le fondateur de l'abbaye, Gontran, Charles le Chauve et Robert le Pieux, ses bienfaiteurs, enfin une reine en manteau royal, les cheveux nattés, ayant, au lieu du pied gauche, une patte d'oie. Il existoit aussi à Saint-Germain-des-Prés de Paris, à Saint-Pierre de Nevers, à l'église de Saint-Pourçain en Bourbonnois, et ailleurs, de ces statues *de la reine Pédauque* (au pied d'oie); ces représentations bizarres sont restées une énigme malgré les nombreuses dissertations publiées sur ce sujet par Montfaucon, Mabillon, l'abbé Lebeuf et d'autres érudits. Les huit statues du portail de Saint-Bénigne sont tombées sous le marteau révolutionnaire aussi bien que les curieux bas-reliefs du tympan, qui avoient pour sujet principal le Sauveur entouré des symboles des quatre Évangélistes, et au-dessous la Naissance de Jésus-Christ et l'Adoration des mages. On a remplacé cette décoration du tympan par un autre bas-relief représentant le Martyre de saint Étienne, exécuté par Bouchardon pour le portail de l'église de Saint-Étienne. Malgré tout son mérite, cette œuvre de la sculpture moderne, ajustée tant bien que mal dans un cadre du moyen âge, constitue un fâcheux anachronisme.

L'intérieur de la cathédrale de Dijon n'a ni les vastes proportions ni le caractère de majesté qui distinguent nos grandes basiliques. Cependant, l'ensemble de l'édifice, élevé en 1288, comme nous l'avons dit, et achevé en peu d'années, a le mérite d'offrir un style pur et uniforme, un tout parfaitement homogène, une dignité simple et noble. Le transsept, peu prononcé, n'excède pas au dehors les murs des bas-côtés. Le chœur, de dimensions médiocres, n'est pas entouré de nefs circulaires ni de chapelles latérales. La partie supérieure de l'église est terminée par trois absides en hémicycle, disposition assez rare dans les monuments religieux de la fin du XIIIe siècle. La nef, soutenue sur huit piliers isolés correspondant à autant de massifs engagés dans les murs des bas-côtés, forme un vaisseau d'une assez grande étendue. Elle est précédée d'une sorte de vestibule intérieur, un vrai *pronaos,* qui donne à l'entrée une physionomie toute particulière.

Le grand autel, en marbre de Saint-Romain, est décoré d'un bas-relief provenant de la Sainte-Chapelle de Dijon, et représentant les douze apôtres au tombeau de Marie. Quatre statues colossales de saint Médard, saint Étienne, saint André et saint Jean, sont placées en avant des quatre gros piliers du transsept; elles sont dues au sculpteur Dubois. Nous signalerons encore les statues de saint Joseph et de saint Augustin par Bouchardon, et quelques ouvrages d'art placés autrefois dans divers édifices religieux de Dijon et transportés à Saint-Bénigne. Plusieurs tombeaux remarquables décorent cette cathédrale, entre autres ceux des présidents Legouz de la Berchère et Claude Frémiot, de Jean de Berbisey, de Marguerite de Vallon; mais ce qui intéresse surtout l'archéologue, ce sont les pierres tumulaires qui forment le pavé de l'église; les plus curieuses sont celles de Wladislas, roi de Pologne, mort en 1388 sous l'habit des Bénédictins de Saint-Bénigne, et celle de Tabourot des Accords, le Rabelais de la BOURGOGNE, mort en 1590.

Nous avons dit que ce qui restoit de l'antique crypte de Saint-Bénigne avoit été supprimé et en partie comblé lorsqu'à la fin du siècle dernier on démolit la rotonde centrale. Des fouilles entreprises à diverses époques pour la consolidation de l'église ont amené des découvertes du plus grand intérêt.

En 1832 on reconnut sous un des piliers de la nef actuelle les vestiges d'une porte de l'église souterraine, et, au-dessus de cette porte, un bas-relief du XIe siècle très-bien conservé, représentant Jésus-Christ entouré des figures symboliques des quatre Évangélistes, sujet tout-à-fait semblable à celui qui étoit sculpté au tympan du portail de l'église supérieure, et dont les Bénédictins ont donné le dessin dans leur *Histoire de Bourgogne* (tome Ier, p. 502). Cette similitude n'a pas été remarquée par M. G. Peignot dans la dissertation qu'il a publiée sur ce bas-relief de l'église souterraine et sur l'origine des symboles des Évangélistes (1).

En 1841, la Commission des antiquités de la Côte-d'Or fit faire, dans

(1) *Mémoires de la Commission des antiquités de la Côte-d'Or*, années 1838—1841, in-4°, page 155.

l'église souterraine de Saint-Bénigne, des recherches pour s'assurer de la place où reposoient les corps des ducs de BOURGOGNE Philippe-le-Hardi et Jean-sans-Peur, qui y avoient été transportés en 1791, lorsque la Chartreuse de Dijon, où ils avoient été inhumés, fut convertie en une propriété particulière. Dans la chapelle située sous la tour méridionale, du côté de la place Saint-Bénigne, on retrouva intact le cercueil de plomb où étoit renfermé, sous l'habit de chartreux, le corps du duc Philippe-le-Hardi. Sous la tour septentrionale, du côté du séminaire, on reconnut, dans un caveau recouvert par deux dalles épaisses, mais sans cercueil et au milieu de décombres affaissés, les ossements du duc Jean-sans-Peur ainsi que les débris du cilice et de la robe de moine qui les enveloppoient. L'authenticité de ces restes fut régulièrement constatée. La tête du prince portoit à la partie postérieure et supérieure du crâne des traces profondes de la blessure qui lui donna la mort au pont de Montereau. Cette tête ayant été moulée, nous avons pu remarquer, en outre, dans la partie antérieure du crâne, une petite entaille qui probablement provient d'une autre blessure que Jean-sans-Peur reçut, dans sa jeunesse, à la bataille de Nicopolis. Après une solennelle vérification, les dépouilles du duc furent replacées dans un cercueil de plomb, et inhumées dans le caveau d'où elles avoient été retirées. Elles attendent, ainsi que celles du duc Philippe-le-Hardi, une sépulture plus digne de ces deux anciens souverains de la BOURGOGNE.

Enfin, tout récemment, du mois de novembre 1858 au mois de mars 1859, des fouilles entreprises sous la direction de M. Suisse, architecte diocésain, dans la crypte de la rotonde de Saint-Bénigne ont permis de reconnoître que cette crypte est restée presque entière, et que les constructions dont elle se compose appartiennent toutes à l'époque de l'abbé Guillaume, c'est-à-dire au commencement du XIe siècle. Le sarcophage où le corps de saint Bénigne avoit reposé tant de siècles a été retrouvé en pièces avec les fragments du *ciborium* qui le recouvroit et le petit emmarchement qui descendoit au niveau du tombeau, plus bas que le sol de la crypte. Nous avons vu ces ruines intéressantes, qui se trouvent maintenant sous la cour de l'évêché. Toutes les colonnes de la crypte existent encore. Leur diamètre est beaucoup plus fort que D. Plancher ne l'avoit indiqué dans ses gravures.

Parmi les monuments religieux de Dijon que le temps et les révolutions ont épargnés, aucun, après la cathédrale de Saint-Bénigne, n'offre plus d'intérêt que l'église de Notre-Dame, qui, dès l'année 1178, jouissoit du titre de première paroisse de la ville. Ce n'étoit dans l'origine qu'une simple chapelle dédiée à Notre-Dame du Marché (*capella sanctæ Mariæ à Foro*). L'édifice actuel, commencé en 1229, fut consacré le 8 mai 1334 par Hugues, évêque *in partibus* de Tabarie ou Tibériade, suffragant de l'évêque de Langres. On y travailla encore dans les siècles suivants, et il paroît que les constructions accessoires ne s'élevèrent que beaucoup plus tard : car une bulle du pape Eugène IV, du 11 février 1445, accorde des indulgences à ceux qui contribueront « à l'entière édification » de cette basilique et à son entretien. Malgré ces travaux, l'église n'a jamais été terminée : elle devoit avoir deux tours et une flèche.

La première paroisse de Dijon doit surtout sa célébrité à une image vénérée qu'elle possède depuis un temps immémorial; c'est une statue de la sainte Vierge, sculptée grossièrement en bois brun, et à laquelle on attribue un grand nombre de miracles. Connue d'abord sous le nom de *Notre-Dame de l'Apport* ou *du Marché*, la Vierge noire, comme on l'appelle encore à Dijon, reçut en 1513, lors du siége de cette ville par les Suisses, le nom de Notre-Dame de Bon-Espoir. Placée autrefois dans une chapelle voûtée qui a été démolie en 1698, cette statue miraculeuse étoit entourée des plus riches offrandes. Des trophées d'armes, des tableaux votifs, décoroient l'enceinte de la chapelle, où brilloient de nombreuses lampes de vermeil et d'argent. C'est aux pieds de la Vierge noire que les treize chevaliers bourguignons qui soutinrent en 1443 le célèbre pas d'armes de l'arbre de Charlemagne, à Marsannay-la-Côte, vinrent, après le tournoi, déposer leurs écus et leurs lances. La dévotion à cette sainte image y attiroit jadis un si grand nombre de pèlerins, qu'il fallut, pour les loger, construire près de l'église un hôpital spécial, sous le nom de *Notre-Dame*. Ce pieux asile fut supprimé à la fin du XVIIe siècle et réuni à l'hôpital général. La statue de Notre-Dame de Bon-Espoir surmonte aujourd'hui l'autel d'une des chapelles à droite du chœur. Sa hauteur est de deux pieds sept pouces; elle est en bois brun, essence de châtaignier. La Vierge est représentée assise dans un fauteuil, et tenant l'enfant Jésus sur ses genoux. C'est une œuvre de style byzantin, qui paroît remonter à la fin du XIe siècle.

La façade de Notre-Dame de Dijon, l'une des plus remarquables des monuments religieux de la BOURGOGNE, offre une longueur de soixante pieds sur soixante-six environ de hauteur, et se divise en trois étages. Trois grandes arcades ouvertes donnent entrée sous un vaste porche dont les voûtes sont soutenues sur deux rangs de piliers flanqués de colonnettes. Au-dessus règnent deux galeries dont les arcs s'appuient sur dix-sept colonnes fuselées, séparées par des frises chargées d'animaux ailés, de lions, de griffons et de rinceaux. Deux contre-forts, qui se terminent dans les deux tiers de leur partie supérieure par de petites tourelles, accompagnent les deux faces latérales du porche. Nous avons dit que cette façade devoit être surmontée de deux tours qui l'auroient heureusement complétée. On voit seulement, sur la droite, un campanile qui renferme la célèbre horloge si populaire sous le nom de *Jacquemart*. Cette horloge fut enlevée, en 1383, par le duc Philippe-le-Hardi à la ville de Courtrai, et donnée à celle de Dijon. Les figures en fer battu qui frappent les heures ont été restaurées ou refaites en 1650.

L'extérieur de cette église ne présente rien de remarquable, à l'exception de la tour qui s'élève au-dessus du transsept; elle est carrée et flanquée à ses angles de tourelles rondes. C'est dans cette tour que la ville avoit établi, au XIVe siècle, son beffroi, et la cloche qui servoit à convoquer les magistrats municipaux.

A l'intérieur, Notre-Dame de Dijon offre un type complet et des plus intéressants de l'architecture religieuse du XIIIe siècle, quoique ses proportions ne soient pas très-vastes. La longueur de l'édifice, dans œuvre, n'excède pas cent quatre-vingts pieds, et sa largeur soixante-sept. La hauteur des voûtes est d'environ cinquante-cinq pieds. Le plan de cette église est celui d'une croix latine. La nef est accompagnée de deux collatéraux, et terminée à l'orient par des chapelles absidales à pans. Les arcades de la nef s'appuient sur des colonnes rondes surmontées de chapiteaux à crochets. Les galeries du triforium qui règne autour de la nef et du chœur sont d'une extrême délicatesse.

Sur le maître-autel est une Assomption de la Vierge, sculptée par un statuaire dijonnois de grand mérite, Jean Dubois, mort en 1694. Le tabernacle et les stalles du chœur sont dus au même artiste. Le buffet d'orgue date de la Renaissance. Les quatre tableaux qui ornent le chœur sont de Révcl, élève de Lebrun.

Avant 1789 on conservoit dans cette église une ancienne tapisserie d'un beau travail, représentant, en trois compartiments, le siége de Dijon par les Suisses en 1513. Cette tapisserie se voit maintenant au musée de la ville; mais beaucoup d'autres objets d'art qui ornoient Notre-Dame ont péri en 1792, notamment les statues du duc Eudes IV, mort en 1349, et de Jeanne de France, sa femme, qui étoient placées sous le portail, et un tableau d'une grande ancienneté représentant une salle de festin, de laquelle un chien s'enfuyoit emportant dans sa gueule la main d'un homme, sujet allégorique qui se retrouve dans le grand bas-relief de la porte septentrionale de l'église Notre-Dame à Semur.

L'église paroissiale de Saint-Michel, qui, par la richesse de son portail, l'élégance de ses tours et l'avantage de sa position isolée, mérite d'être comptée parmi les monuments remarquables de l'ancienne capitale de la Bourgogne, doit son origine à une chapelle élevée au VIIe siècle par les religieux de Saint-Étienne, dans leur cimetière, pour le service des pèlerins. Dès le IXe siècle elle avoit le titre de paroisse, et étoit desservie par quelques chanoines réguliers vivant en communauté. En 1015 l'église fut reconstruite entièrement par les soins de l'abbé de Saint-Étienne, Garnier de Mailly, et elle fut dédiée, en 1030, par Lambert, évêque de Langres. En 1497, cet édifice menaçant ruine, les paroissiens assemblés prirent la résolution de le rebâtir. Henri Chambellan et Alix Berbisey, sa femme, payèrent la dépense du chœur et des deux ailes; le portail fut fait avec l'argent des quêtes, et le 8 décembre 1529, Philibert de Beaujeu, évêque de Bethléem, consacra l'église de Saint-Michel telle qu'on la voit aujourd'hui, à l'exception des deux tours, qui ne furent élevées que dans le XVIIe siècle, aux frais de Philippe Fyot de la Marche, président au Parlement de **Bourgogne**. Cette église a cent quatre-vingt-huit pieds de longueur et une largeur de soixante pieds. Outre un portail latéral appartenant à la dernière période de l'art ogival, on doit remarquer la belle ordonnance de la principale façade, qui fait honneur au talent de Hugues Sambin, architecte et sculpteur dijonnois. Celle-ci présente trois portes à plein cintre, du style de la Renaissance, décorées de caissons, d'arabesques, de bas-reliefs et de statues. Au milieu de cette riche ornementation on distingue surtout le grand bas-relief du Jugement dernier, par Sambin, et le piédestal de la statue de saint Michel. Les deux tours, qui s'élèvent de chaque côté de ce grand portail, sont divisées en cinq étages décorés des cinq ordres d'architecture, et surmontées de coupoles octogones. L'intérieur de l'église de Saint-Michel offre moins d'intérêt que l'extérieur. Nous pouvons signaler cependant les belles proportions de la nef, dans laquelle on remarque le tombeau du président Fyot de la Marche.

Les deux églises dont nous venons de parler, Notre-Dame et Saint-Michel, dépendoient, dans l'origine, de la célèbre abbaye de Saint-Étienne, qui revendiquoit le titre de premier temple chrétien de Dijon. Construite, si l'on en croit la tradition, vers le milieu du VIe siècle, sur une crypte qui avoit servi de refuge aux fidèles, l'antique basilique de Saint-Etienne est appelée par Grégoire de Tours *ecclesia intrà muranea*, parce qu'elle étoit la seule qui existât alors dans l'enceinte de la ville, celle de Saint-Bénigne se trouvant hors des murs. Cette basilique étoit desservie par des clercs envoyés par les évêques de Langres, et qui vivoient en communauté. Lorsque les évêques de Langres cédèrent au roi Robert en 1016 leurs droits seigneuriaux sur la ville de

Dijon, ils confièrent à des prévôts ou abbés la direction de l'église de Saint-Étienne, et environ un siècle plus tard, vers 1120, cette abbaye embrassa la règle de saint Augustin. Le monastère de Saint-Étienne jouissoit de grands priviléges qu'il tenoit de la munificence des rois de France et des ducs de BOURGOGNE. Charles-le-Chauve, à la prière d'Isaac, évêque de Langres, avoit permis, en 874, à ses abbés et à ses religieux de frapper une monnoie particulière, connue au moyen âge, sous le nom de *livre Estevenant*, *nummus Stephaniensis*. Le duc Robert Ier leur abandonna ses droits sur la monnoie de Dijon, et Eudes III les rétablit dans la prérogative qu'ils avoient eue, de temps immémorial, de faire tenir des foires franches sur leur territoire. Les abbés de Saint-Étienne exerçoient dans l'étendue de leur juridiction tous les droits de justice; ils faisoient corner et crier leurs sentences et la vente de leurs vins par un trompette revêtu d'un surplis, et nommoient à un grand nombre de cures. Ils avoient un grand train de valets et de domestiques, qui leur formoient comme une garde dans les jours de troubles populaires. « Au registre de la ville, dit un historien dijonnois, on lit, à la « date du 19 juin 1502, que l'abbé de Saint-Étienne alla de nuit par « les rues déguisé, l'épée au côté, et escorté de valets armés d'arba- « lètes. » (*Dijon ancien et moderne*, par Maillard de Chambure, p. 52). L'abbé de Saint-Étienne portoit la mitre, l'anneau et tous les ornements épiscopaux dans les églises qui dépendoient de son monastère; il y donnoit même la bénédiction au peuple, pourvu que ce ne fût pas en présence d'un cardinal ou d'un évêque. Les prérogatives de ces prélats, le rôle, souvent important, qu'ils jouèrent dans les événements de l'histoire de BOURGOGNE au moyen âge, ont été exposés avec érudition par un de leurs successeurs, l'abbé Claude Fyot, dans son *Histoire de l'église abbatiale et collégiale de Saint-Estienne de Dijon*. (Dijon, 1696, in-folio.) Cette abbaye fut mise en commende en 1510, sécularisée et érigée en collégiale en 1613, puis en cathédrale par le pape Clément XII en 1731. Elle conserva ce dernier titre jusqu'en 1790. L'église de Saint-Étienne, rebâtie vers 1045 par l'abbé Garnier de Mailly, et consacrée le 30 juin 1077 par Garmond, archevêque de Vienne, fut presque entièrement détruite dans l'incendie qui, en 1137, consuma une grande partie de la ville de Dijon. L'abbé Herbert la fit restaurer et dédier de nouveau par Geoffroy, évêque de Langres, en 1143. Mais, au commencement du XVIIe siècle, l'édifice étoit tellement dégradé qu'il fallut le démolir à peu près complétement. La troisième reconstruction, qui fut commencée à cette époque et terminée en 1721 sur les dessins de Noinville, élève de Mansard, ne laissa guère subsister de vestiges des bâtiments antérieurs. La nouvelle église, de cent quatre-vingt-douze pieds de longueur sur cinquante-sept de large et quarante-huit de hauteur sous voûte, avoit un assez beau portail orné d'un bas-relief de Bouchardon représentant le martyre de saint Étienne, et qui se trouve aujourd'hui, comme nous l'avons dit, à Saint-Bénigne. La chapelle des fonts étoit ornée d'une statue de saint Jean-Baptiste, œuvre de Claux Sluter, excellent sculpteur du XIVe siècle, à qui l'on doit le tombeau du duc Philippe-le-Hardi. Cette statue et les nombreux monuments funéraires qui se voyoient à Saint-Étienne ont disparu lors de la transformation de cette église en halle au blé.

Deux autres églises également enlevées au culte, et défigurées ou détruites en partie, inspirent de vifs regrets au double point de vue de l'art et de l'histoire. Ces deux églises sont celles de Saint-Jean et de Saint-Philibert,construites dans le voisinage de l'abbaye de Saint-Bénigne et sur son territoire, appelé dans les vieux titres *le quartier de la Chrétienté.* La fondation de l'église de Saint-Jean remonte à une époque fort reculée; elle servoit de baptistère dès le IVe siècle; saint Urbain y fut inhumé en 343, et trois siècles plus tard saint Grégoire, évêque de Langres, et son successeur saint Tétric la préférèrent aussi pour leur sépulture au grand monastère de Saint-Bénigne. C'est devant l'autel de Saint-Jean que Chramne, fils naturel de Clotaire, vint, comme nous l'avons dit, consulter, en 555, le *sort des saints.* Quelques moines avoient été attachés à cette église, car on a un diplôme de Charles-le-Simple, daté de 893, qui réunit à Saint-Bénigne les biens de « la petite abbaye de Saint-Jean». Depuis 903 elle servoit de paroisse, et son curé avoit le titre de «doyen de la chrétienté.» Elle fut érigée en collégiale en 1455. Plusieurs fois ruinée et réparée durant le moyen âge, l'église de Saint-Jean avoit été reconstruite sous le duc Philippe-le-Bon, de 1445 à 1455 et consacrée en 1468. C'est de cette époque que date l'édifice dont on voit aujourd'hui les restes. Bâtie en forme de croix grecque, sans collatéraux ni voûte, cette église se faisoit remarquer par la hardiesse élégante du cintre de sa charpente lambrissée en chêne noir. Sa longueur étoit de cent soixante-deux pieds, sa largeur de quatre-vingt-treize, sa hauteur de soixante-neuf. Elle étoit surmontée d'une flèche reconstruite en 1667. Cette flèche, qui s'élevoit à trois cents pieds dans les airs, et alloit par des jambes de force dirigées obliquement s'appuyer sur les murs latéraux, a été détruite il y a cinquante ans environ, en même temps que le chœur, aux dépens duquel on a élargi la rue Saint-Jean. On établit à la même époque un bureau de poids public sur les tombes qui renfermoient et renferment sans doute encore les restes de saint Urbain et de saint Grégoire. N'oublions pas de rappeler ici que cette église, si indignement transformée, se recommandoit par un souvenir intéressant : c'est là que Bossuet fut baptisé le 27 septembre 1627.

L'église de Saint-Philibert, paroisse dès le XIe siècle, n'a pas été plus respectée que celle de Saint-Jean, puisqu'elle sert d'écurie depuis 1795 aux chevaux de la garnison de Dijon; mais elle offre encore, à l'extérieur, de beaux restes de son architecture, mélange de style roman et de style ogival. La porte latérale dont nous donnons le dessin est romane; on peut remarquer la délicatesse des feuillages et des enroulements qui décorent les voussures. La tour et la flèche, armée de crosses ou dents de pierre qui s'élèvent sur la croisée, ont été bâties aux frais des paroissiens, en 1513, l'année même du siége de Dijon par les Suisses. C'est sous le porche de Saint-Philibert que se faisoit la cérémonie de l'inauguration des mayeurs et l'élection des viguiers de la ville.

Il existoit autrefois à Dijon trois autres paroisses : Saint-Médard, bâtie en 910, démolie en 1681; Saint-Nicolas, fondée en 1433, agrandie en

1610; Saint-Pierre, qui avoit été unie à l'abbaye de Saint-Étienne en 1078, et où l'on voyoit de beaux vitraux du xve siècle. Il ne reste plus rien de ces églises. Celle de la Madeleine, élevée sous François Ier pour remplacer une ancienne commanderie de l'ordre de Saint-Jean-de-Jérusalem, étoit ornée de charmantes verrières de la Renaissance, exécutées par Jean Petit et Jean d'Orain, peintres dijonnois. Elle a été également détruite il y a quelques années. L'ancienne église des Bernardines ou Dames de Tart, dans laquelle est établi, depuis 1804, l'hospice Sainte-Anne, ne remonte qu'à la fin du xviie siècle; on y remarque plusieurs bons morceaux de sculpture de Dubois et des tableaux estimés de Quantin. L'église des Carmélites, convertie en caserne, n'a conservé d'intéressant qu'un élégant portail, construit en 1630, et que nous avons reproduit parmi nos dessins.

La Chartreuse de Dijon, ce Saint-Denis de la Bourgogne, où reposoient les cendres des ducs sous la garde des disciples de saint Bruno, étoit un des plus magnifiques monuments de la France du moyen âge. Fondé en 1383 par le duc Philippe-le-Hardi, fils du roi Jean, ce beau monastère avoit été achevé en cinq années, et consacré le 24 mai 1388. On a conservé le nom des artistes qui furent employés à sa construction. L'architecte étoit Drouhet de Dammartin; le statuaire Claux Sluter, originaire de Hollande; le verrier Henri Clumosak, le fondeur Joseph Colart, le charpentier Jean Duliège. Un des plus riches Lombards de ce siècle, Dyne Raponde, fut chargé de fournir les ornements d'or et d'argent. Le duc Philippe fit venir d'Ypres pour décorer cette église deux retables d'autel à images, et fit faire à Malines des vitraux en grisaille pour le chœur. Outre les sommes immenses qu'il consacra à ces dépenses ainsi qu'aux logements et à l'ameublement des religieux, ce prince leur donna la terre de Longchamp, celle de Brochon et le franc usage dans ses forêts de Champmoron et de Haute-Serve. A ces riches donations de son père le duc Jean-sans-Peur ajouta, dès les premières années de son règne, de nouvelles faveurs. Il concéda aux Chartreux un grand nombre d'autres terres, les affranchit de toutes charges publiques et obtint pour eux de la commune de Dijon le droit de haute, moyenne et basse justice dans la vaste étendue de leurs domaines. Ce prince et ses successeurs ne cessèrent de combler de bienfaits la Chartreuse de Dijon, où ils venoient souvent dîner avec leur cour. Les duchesses de BOURGOGNE témoignèrent aussi une affection particulière à cette maison. Isabelle de Portugal, troisième femme de Philippe-le-Bon, y avoit sa cellule, dans laquelle, durant ses fréquentes retraites, elle pétrissoit de ses propres mains des pains au lait et des pâtés de poisson pour les moines. Le couvent eut beaucoup à souffrir du siége de Dijon par les Suisses en 1513; aussi, pendant les guerres des Huguenots, les religieux songèrent-ils à pourvoir eux-mêmes à leur défense. Henri IV trouva la Chartreuse fortifiée de tours et de canonnières, et les moines armés, lorsqu'il vint, le 13 juin 1595, souper chez eux sous le feu du château de Talant, qui étoit occupé par les ligueurs. En 1636, la garnison que le commandant de la ville envoya aux Chartreux pour les défendre contre les Suédois et les Croates de l'armée de Galas commit beaucoup de dégâts et de larcins dans le monastère; toutefois ce qu'on y voyoit encore d'objets précieux au temps de la révolution étoit d'une grande valeur intrinsèque et d'un prix non moins considérable au point de vue de l'art. Nous citerons seulement six *nefs* d'ébène et d'argent moulu rapportées de la Terre-Sainte et remplies de reliques; deux lampes d'argent de huit pieds de haut; des châsses en cèdre et en ivoire; un aigle de bronze servant de pupitre, supporté par trois lions, et ayant pour yeux deux pierres précieuses; plus de cinquante chasubles de drap d'or et d'argent, ornées de perles et de pierreries; une autre de velours et d'or, dont l'orfroi en broderie représentoit plusieurs traits de l'histoire sainte, précieux don de Catherine de BOURGOGNE, duchesse d'Autriche, qui le légua aux Chartreux le 2 février 1424, en élisant sa sépulture dans leur église. Il faut joindre à ces magnificences les dix mille volumes et les nombreux manuscrits de la bibliothèque des moines, quarante rayons de médailles, plus de deux cents tableaux, des statues, des boiseries superbes, parmi lesquelles celle de l'église présentoit à elle seule un développement de plus de quatre cents pieds sur douze de hauteur; enfin, et surtout, ces admirables tombeaux des ducs Philippe-le-Hardi et Jean-sans-Peur qui ont heureusement échappé à la destruction de tant de richesses.

L'enclos de la Chartreuse, divisé et aliéné, il y a quelques années, ne renferme plus que quelques ruines qui ont été rattachées à la construction d'un hospice. De la belle église fondée par le duc Philippe-le-Hardi, il n'existe plus aujourd'hui qu'une tourelle isolée et le portail. La tourelle, autrefois adossée au mur de la nef septentrionale, donnoit entrée sur un escalier qui aboutissoit à la chapelle des Anges; cette partie de l'ancienne distribution n'est actuellement reconnoissable que par les lettres P. M. (initiales des noms de Philippe-le-Hardi et de sa femme, Marguerite de Flandre) et les armoiries de Bourgogne, peintes sur une embrasure de fenêtre adjacente à la tourelle. Le portail a conservé ses anciennes portes garnies de toutes leurs ferrures. La partie restée debout a environ trente-sept pieds de largeur et vingt-huit pieds de hauteur. A partir des pieds-droits de la porte centrale, qui est divisée par un pilier, le mur fait une saillie oblique, puis redevient parallèle à la ligne fondamentale, et présente un parement uni dans le reste de son étendue. A sept pieds et demi du sol, sur la face oblique des saillies du mur, sont les statues de grandeur naturelle de Philippe-le-Hardi et de Marguerite de Flandre, agenouillées et tournées vers une image de la Vierge qui est adossée à la pile intermédiaire des portes. Deux figures plus grandes, saint Jean et sainte Catherine, debout aux côtés du duc et de la duchesse, occupent le reste des bases sur lesquelles posent les deux groupes. Ces bases se terminent en consoles et sont supportées par des personnages à longue barbe, de petites proportions, représentés tenant des livres à la main. Des tabernacles ou dais, taillés avec une élégance et une légèreté remarquables, ornent la partie supérieure des deux groupes. Un semblable couronnement existoit jadis au-dessus de la figure de la Vierge, qui est posée sur un dé dont les faces visibles portent les chiffres de Philippe-le-Hardi et de Marguerite de Flandre. Une colonne à chapiteau orné de feuilles de chou soutient le dé et la statue de la Vierge, et descend jusqu'au parement du palier, auquel on monte par sept marches. Deux statues de saints en habit de chartreux, appliquées contre les parties extrêmes du parement du portail et placées sur des socles détachés du corps de la maçonnerie, semblent y avoir été rapportées et n'avoir pas appartenu à la décoration primitive. Elles sont très-mutilées et d'un travail inférieur à celui des figures dont nous venons de parler.

Au milieu de la cour de l'ancien cloître on remarque un monument très-curieux, connu sous le nom de *Puits de Moïse*, qui fut donné aux Chartreux par le duc Philippe, leur fondateur, en 1396. Ce morceau de sculpture, que nous croyons unique dans son genre, consiste en un puits de vingt-deux pieds de diamètre, au milieu duquel s'élève, entouré d'eau, un piédestal hexagone orné des statues de Moïse, Isaïe, Daniel, Zacharie, Jérémie et David; il étoit autrefois surmonté d'une croix de pierre de vingt-trois pieds de hauteur, au pied de laquelle on voyoit les statues des saintes femmes. Les six faces du dé présentent des panneaux encadrés de moulures. La corniche, très-saillante, est composée d'une suite de tores, de gorges et de filets ronds et angulaires, et donne naissance à un talus figuré en rocaille, que l'on appeloit anciennement la *Terrasse du Calvaire*. Au bas de chaque panneau du dé est une console sur laquelle repose une des statues de prophètes dont nous avons parlé. Au-dessous est une plate-bande sur laquelle est écrit le nom du personnage représenté. Six colonnettes, dont les chapiteaux sont sculptés avec une grande délicatesse, masquent les arêtes du dé; sur ces chapiteaux sont placés des anges, aux ailes étendues, dont la tête s'appuie sur l'entablement. Ce remarquable monument est dû au ciseau de Claux Sluter, l'habile imagier hollandois, aussi bien que les grandes statues du portail.

Deux tombeaux, chefs-d'œuvre de la sculpture du XVe siècle, celui du duc Philippe-le-Hardi et celui de Jean-sans-Peur faisoient le principal ornement de la Chartreuse. Sauvés de la destruction en 1792 et restaurés avec soin, ils ont été placés dans la grande salle du palais ducal convertie en musée. Nous les décrirons plus loin en parlant de ce musée, qui renferme, en outre, beaucoup d'autres objets d'art d'un grand intérêt provenant aussi du couvent des Chartreux.

Nous ne pouvons terminer cette revue des monuments religieux de Dijon sans donner un souvenir et un regret à l'un des plus célèbres d'entre eux, la Sainte-Chapelle des ducs de Bourgogne. Fondée en 1172 par Hugues III pour acquitter un vœu qu'il avoit fait au milieu d'une tempête, cette église joignoit le palais ducal, et servoit de paroisse aux princes. On y conservoit dans une châsse d'or enrichie de diamants l'hostie miraculeuse envoyée à Philippe-le-Bon par le pape Eugène III en 1433. Louis XII y déposa, le 21 avril 1505, la couronne d'or qu'il portoit le jour de son sacre. Cette couronne figuroit chaque année dans une procession solennelle qu'on faisoit le 1er juillet en l'honneur de la sainte Hostie, et à laquelle Henri IV assista en 1595, « vestu d'un court « manteau de taffetas noir, ainsi que Monsieur le connestable de Mont- « morency, qui le conduisoit par la main en grande révérence. » La Sainte-Chapelle de Dijon relevoit immédiatement du pape, qui lui avoit accordé l'important privilége de n'être jamais comprise dans les interdictions prononcées par le Saint-Siége. Elle étoit le chef-lieu de l'ordre de la Toison-d'Or, institué par Philippe-le-Bon. C'étoit sur son autel que les ducs, après l'investiture qu'ils recevoient à Saint-Bénigne, venoient jurer de nouveau le maintien des franchises du duché. Cette église, remarquable par la richesse et le nombre des objets précieux qu'elle renfermoit, aussi bien que par l'élégance de son vaisseau et la hardiesse de sa flèche, a été complétement détruite. Son emplacement est occupé par la salle de spectacle.

L'ancien palais des ducs de Bourgogne fut bâti dès le xe siècle sur les fondements d'un édifice romain dont on a retrouvé des débris en 1808. Lorsque Hugues III y ajouta la chapelle dont nous venons de parler, il le protégea par la construction de nouvelles tours qui en défendoient l'approche du côté de l'est. Philippe-le-Hardi le rebâtit presque entièrement en 1366. Sous Philippe-le-Bon la grande tour, appelée la *Terrasse*, fut achevée; on plaça aux fenêtres de riches verrières que ce prince avoit fait faire à Troyes, et on couvrit les murailles de peintures représentant des croix et des images de saints. Après la mort de Charles-le-Téméraire, ce palais abandonné tomba peu à peu en ruines. Vers 1630, il n'en restoit plus que quelques galeries à droite de la tour; elles furent démolies en 1636 pour la construction du palais des États et de la place Royale. Les seuls vestiges de l'ancienne demeure des ducs sont : la grande tour de la Terrasse, dans laquelle un observatoire est établi; la tour de Brancion, appelée *Tour de Bar* depuis que René d'Anjou, duc de Bar, y fut renfermé trois ans; les cuisines, construites en 1445, et la vaste *Salle des Gardes*. Cette belle salle s'étend à l'ouest jusqu'à la tour de la Terrasse, et communique, vers l'est, à celle de Bar par une galerie élevée sous le gouvernement du duc de Bellegarde. Elle appartient par sa construction aux XVe et XVIe siècles. A l'une de ses extrémités on remarque une grande et riche cheminée de pierre exécutée en 1504 par Jean d'Angers. Sa largeur est d'environ seize pieds et sa hauteur de vingt-sept et demi. C'est une œuvre charmante qui peut être comparée aux meilleures productions de l'art à cette époque. La tribune placée à l'autre bout de la pièce est un morceau de sculpture en bois fort digne aussi d'être signalé.

La salle des Gardes est aujourd'hui destinée à la réunion des monuments anciens ou modernes qui ont rapport à l'histoire de Dijon ou de la BOURGOGNE. Parmi ces monuments, les plus remarquables sans contredit sont les magnifiques tombeaux de Philippe-le-Hardi et de Jean-sans-Peur, que nous avons cités en parlant de la Chartreuse où ils se trouvoient autrefois, mais dont nous devons donner ici une description succincte. Le tombeau du duc Philippe repose sur un socle de marbre noir surmonté d'un dais, dont les quatre faces présentent une suite d'arcades couronnées d'une galerie découpée à jour et soutenue par des pilastres dont les chapiteaux sont chargés de cinquante-deux figurines d'anges. La galerie, ornée d'aiguilles et de clochetons chargés de crossettes, est exécutée en marbre blanc et en albâtre; elle figure un cloître, sous les voûtes duquel sont rangées quarante statuettes de personnages, moines pour la plupart, dans l'attitude de la douleur, et d'une grande naïveté d'expression. Cette riche décoration, mêlée de dorures distribuées avec intelligence et réserve, est surmontée d'une table de marbre noir, taillée en corniche, supportant la statue couchée de Philippe-le-Hardi, dont les pieds reposent sur un lion, et la tête sur un coussin mi-partie d'étoffe bleue et rouge, décoré d'un large galon et de quatre glands d'or. Le prince est vêtu d'une longue robe blanche à manches, parsemée de mouches d'or et d'un manteau ducal bleu d'azur doublé d'hermine. Il a les mains jointes et élevées, et porte une couronne formée d'un simple bandeau à rebord, dont le champ lisse est orné de pierreries enchâssées dans des chatons très-saillants. Deux anges aux ailes déployées, placés en arrière de la tête du duc, soutiennent un heaume qui a une double fleur de lis pour cimier. Sur le côté est placé le bâton ou sceptre ducal surmonté d'une pomme de pin environnée de quatre feuilles de chêne. Les figures de ce beau monument ont été exécutées, du vivant même de Philippe-le-Hardi, par Claux Sluter, l'habile sculpteur dont nous avons déjà cité le nom trop peu connu. L'ornementation est due à deux autres artistes du temps, Claux de Vousonne, neveu de Sluter, et Jacques de Baerze ou de la Barse.

Le tombeau de Jean-sans-Peur et de Marguerite de Bavière, érigé de 1444 à 1474 par ordre de Philippe-le-Bon, leur fils, ne diffère essentiellement, au point de vue de l'art, de celui de Philippe-le-Hardi que par cette profusion de détails qui caractérise les productions du milieu du xve siècle. Les sculptures d'albâtre qui couvrent le massif sont surchargées de fleurons, de feuillages et de filets découpés avec la plus grande délicatesse. Deux lions sont couchés aux pieds de Jean-sans-Peur et de Marguerite de Bavière. Le duc est vêtu d'une robe blanche sans manche et d'un manteau bleu d'azur semé du rabot symbolique qu'il avoit adopté pour emblème, et qu'on retrouve enlacé avec des feuillages dans la frise de la galerie au-dessus de chaque ogive de la décoration du dais. La robe de la duchesse est parsemée de fleurs de marguerite, par allusion à son nom. Les couronnes ducales du prince et de sa femme ont la même forme que celle de Philippe-le-Hardi. Un titre de la chambre des Comptes de Dijon nous révèle le nom de l'artiste qui dirigea l'exécution de ce tombeau. C'étoit Jean de la Verta, dit de Roca, originaire d'Aragon, et demeurant à Saint-Antoine de Viennois, en Dauphiné. Il avoit été envoyé à Philippe-le-Bon, en 1444 par sa sœur Agnès de Bourgogne, duchesse de Bourbon, comme le meilleur *imagier* qui fût alors en France.

Parmi les autres monuments provenant aussi de la Chartreuse, et qui ont été transportés au musée de Dijon, nous citerons deux charmants retables d'autel en bois doré, sculptés à Tenremonde ou Termonde en 1391 par Jacques de Baerze, d'après l'ordre du duc Philippe-le-Hardi, et dont les figures en relief sont peintes et dorées. Ces retables, connus sous le nom de chapelles portatives des ducs de Bourgogne, ont la forme d'armoires à deux battants. L'intérieur de chaque battant est orné de cinq figures de saints, dont les vêtements sont enjolivés de feuillages d'or bruni sur un fond rechampi de diverses couleurs. Au fond des compartiments, les sujets suivants, également en sculpture de ronde bosse, sont placés sous des baldaquins, soutenus et couronnés par des ornements d'architecture ogivale exécutés avec une grande délicatesse : ce sont, pour le premier retable, l'Adoration des mages, le Calvaire, l'Ensevelissement; pour le second, la Décollation de saint Jean-Baptiste, deux scènes de martyres, la Tentation de saint Antoine. Les panneaux de l'un de ces retables sont ornés à l'extérieur, suivant l'usage, de peintures qu'on ne voit pas lorsque le retable est ouvert. Ces peintures, attribuées à Melchior Broderlam, artiste flamand de la fin du XIVe siècle, représentent l'Annonciation, la Présentation au temple, la Visitation et la Fuite en Égypte. Nous donnons les dessins de ces deux retables et d'un devant d'autel du XVe siècle, qui a appartenu à l'abbaye de Clairvaux, et se trouve également au musée de Dijon. La pièce principale de ce devant d'autel est composée de cinq tableaux à l'huile, encadrés dans une bordure de feuillages sculptés et séparés les uns des autres par des pilastres. Le tableau central a pour sujet la Trinité. Nous avons fait photographier aussi un retable qui, après avoir orné l'église du grand monastère de Cluny, fait partie de la collection de M. Baudot. Ce dernier retable est également digne d'attention. Nous reproduisons en outre deux curieux bas-reliefs du XIe siècle provenant de Saint-Bénigne; l'un, représentant la Cène, est au musée de Dijon; l'autre, qui a pour sujet le Christ entouré des symboles des quatre Évangélistes, appartient à la collection formée par M. Baudot. Nous donnons également le dessin d'un bas-relief du commencement du XIIIe siècle, qui servoit autrefois de devant d'autel à la Sainte-Chapelle des ducs.

Le musée de Dijon n'est pas seulement riche en monuments du moyen âge, il renferme aussi beaucoup d'objets d'antiquité de l'époque gallo-romaine et une belle collection de tableaux, parmi lesquels nous avons surtout remarqué les portraits de Charles-le-Téméraire et de Diane de Poitiers.

Le palais de Justice, où siégeoit le Parlement de Dijon, a été construit de 1510 à 1517 par ordre du roi Louis XII, qui confia la direction des travaux au premier président Humbert de Villeneuve. La salle des audiences publiques, où se tiennent aujourd'hui les assises, est fort belle. Son plafond, divisé en caissons, est enrichi d'ornements et de dorures, et ses lambris sont couverts de curieuses peintures allégoriques. On y remarque aussi quelques restes d'une verrière donnée par François Ier en 1521. Sur l'un des vitraux on distingue encore le portrait de ce prince, et la salamandre qu'il avoit adoptée pour emblème. La grande salle des Pas-Perdus, appelée autrefois salle des Procureurs, est voûtée en ogives et lambrissée en bois; elle fut bâtie sous Henri II, en 1549, ainsi que la principale façade du palais avec son porche orné de colonnes corinthiennes. Les deux lions de pierre qui décoroient jadis l'escalier ont disparu avec les statues placées dans les niches du portail.

Fondé en 1204 par le duc Eudes III, le grand hôpital de Dijon fut reconstruit presque entièrement en 1640. Le principal corps de logis forme une vaste salle de deux cent soixante-quatorze pieds de long sur trente-quatre de largeur et trente-deux d'élévation. Cet établissement important, desservi autrefois par des religieux de l'ordre de Saint-Augustin, renfermoit, outre l'hospice proprement dit, une maison conventuelle et une église qui ont disparu. Nous n'y avons remarqué d'intéressant au point de vue archéologique qu'une jolie chapelle funèbre dont nous donnons le dessin. Un manuscrit de cet hôpital contient vingt-deux grandes miniatures du XVe siècle représentant les circonstances de la fondation et de l'histoire de cette maison hospitalière. Ces miniatures ont été reproduites et décrites avec soin par M. G. Peignot, dans le tome Ier des *Mémoires de la Commission des antiquités de la Côte-d'Or*.

Peu de villes en France ont été aussi riches que Dijon en hôtels historiques. Un assez grand nombre de ces demeures des grands seigneurs bourguignons ou des membres du Parlement de la province subsistent encore; quelques-unes remontent au XVe siècle et à la Renaissance; mais la plupart appartiennent aux règnes de Louis XIII et de Louis XIV. Parmi les plus anciennes de ces habitations autrefois somptueuses on doit signaler, dans la rue des Forges, les restes de l'hôtel destiné, sous les ducs de Bourgogne, aux ambassadeurs d'Angleterre, et où logea, en 1424, Jean, duc de Bedford, troisième fils de Henri IV, roi d'Angleterre, lorsqu'il vint assister, à Dijon, aux noces de sa belle-sœur, la duchesse de Bretagne. On y remarque deux étages de galeries en bois délicatement sculptées, un escalier en spirale avec d'élégants balustres, et particulièrement une grande fenêtre ornée de fleurons et de pignons richement historiés. Nous devons citer encore le bel hôtel de Vogué, l'hôtel de Mimeure, rue de l'École de droit, une maison à tourelles, place aux Fruits, une autre, également fort curieuse, rue Vannerie, et un élégant pavillon de la Renaissance, rue Saint-Martin. C'est dans l'une de ces demeures de l'ancienne aristocratie dijonnoise, à l'hôtel Vesvrotte, rue Berbisey, que nous avons vu un chef-d'œuvre de la sculpture du moyen âge, et certainement un des monuments funèbres les plus beaux, les plus complets, les plus romantiques de l'ancienne France. Nous voulons parler du tombeau de Philippe Pot, seigneur de la Roche-Pot, de Saint-Romain, de Châteauneuf, etc., filleul et premier chambellan du duc Philippe-le-Bon, grand sénéchal de BOURGOGNE sous Louis XI et Charles VIII, inhumé à Cîteaux en 1494. Ce magnifique tombeau, élevé à la mémoire de ce seigneur par la reconnoissance des religieux de l'abbaye, a été sauvé de la destruction à l'époque révolutionnaire par les soins de M. le comte Richard de Vesvrotte, père du possesseur actuel. Philippe Pot est représenté couché, armé de pied en cap, et vêtu d'une cotte d'armes. La pierre sur laquelle repose la statue est élevée de six pieds et soutenue par huit *deuils* ou personnages dans l'attitude de la douleur, moines portant chacun un écusson aux armes des alliances de la famille. Nous donnons deux vues photographiques de cet admirable monument, qui a été gravé, mais imparfaitement, dans les *Mémoires de l'Académie des inscriptions*, tome IX, page 207.

Rien de plus pittoresque et de plus riant que les verdoyantes hauteurs de Talant, de Fontaine-Saint-Bernard, de Saint-Apollinaire, qui entourent la plaine coupée de cultures variées dont la ville de Dijon occupe le centre. La montagne de Talant est couronnée par les ruines d'un ancien château fort qui, après avoir servi de résidence aux ducs, et joué un rôle important dans les guerres de la Ligue, fut démantelé par ordre de Henri IV en 1607. Sur le coteau de Fontaine, voisin de celui de Talant, s'élevoit au moyen âge un château où naquit en 1091 saint Bernard, une des gloires de la BOURGOGNE. Louis XIII fit bâtir en 1614, sur les substructions de ce château, un prieuré et une chapelle sous le vocable de cet illustre Père de l'Église. « Les populations des environs, dit Courtépée, y accourent chaque année pendant l'octave de la fête du saint, et satisfont leur dévotion en l'invoquant dans la chambre où il est né ». Le village de Fontaine possède une autre église, beaucoup plus ancienne, dédiée à saint Martin, et fondée, suivant la tradition, par la bienheureuse Alèthe, mère de saint Bernard.

Le village de Marsannay-la-Côte, à une lieue et demie de Dijon, rappelle le tournoi fameux qu'y fit célébrer près de l'arbre de Charlemagne, en 1443, Pierre de Beauffremont, baron de Charny, en présence du duc Philippe-le-Bon et du prince Louis de Savoie, et dont Olivier de la Marche nous a laissé le récit. Deux autres bourgs de la même contrée ont été témoins de combats plus sérieux : Fleurey-sur-Ouche, où Clovis, en 500, tailla en pièces les Burgondes, et Fontaine-Françoise, où Henri IV, en 1595, défit l'armée du duc de Mayenne. La petite ville d'Is-sur-Tille, autrefois fortifiée, pillée et presque détruite par les Écorcheurs en 1433, par les Suisses en 1513, par les Ligueurs en 1589, ne s'est jamais relevée de ces désastres. Son ancien château, dont il reste une haute tour carrée, a souvent servi de résidence à François Ier. « Ce prince, dit un vieil historien du pays, s'aimoit fort « en ce bourg, situé en belle assiette, tant pour le plaisir de la chasse « et de la volerie qu'aux commodités favorisant son naturel. » A Rouvre étoit la maison de plaisance favorite des ducs de Bourgogne, où naquit et mourut Philippe de Rouvre, le dernier rejeton de la première race de ces princes. C'est dans ce château que Charles-le-Téméraire fit enfermer en 1467 la duchesse de Savoie, sœur de Louis XI, et son fils. Les manoirs de Saulx et de Sombernon qui, après avoir donné leurs noms à de puissantes familles, avoient passé dans les domaines des ducs de Bourgogne, ne subsistent plus depuis longtemps. Mais on trouve encore, à quatre lieues de Dijon, près du village de Reulle, au sommet d'une haute colline, quelques vestiges de l'antique et redoutable forteresse de Vergy, qui rappelle une des plus fières et des plus illustres races de la féodalité françoise. Le comte Manassès-le-Vieux, qu'on regarde comme la tige de la maison de Vergy, habitoit ce château dès l'an 880. Le roi de France Louis VII l'offrit, en 1159, au pape Alexandre III, fuyant la colère de l'empereur Frédéric, pour s'y retirer comme dans une forteresse imprenable : *Vergiacum castrum, quod erat inexpugnabile.* Hugues III l'assiégea en vain pendant dix-huit mois en 1183 et 1184, voulant forcer Hugues de Vergy à lui faire hommage; mais celui-ci eut recours à Philippe-Auguste, en lui promettant de tenir désormais son château en fief direct de la couronne de France. Ce prince entra en Bourgogne avec une puissante armée, et fit lever le siége de Vergy en 1185. Le château et la baronnie de Vergy furent réunis au duché de Bourgogne, en 1198, par le mariage d'Alix de Vergy avec le duc Eudes III. Louis XI rendit la forteresse à Guillaume de Vergy; elle lui fut ensuite ôtée, assiégée et prise en 1490, enfin démolie en 1609 par ordre de Henri IV. Arc-sur-Tille, qui dépendoit, au XIIIe siècle, des domaines de la famille de Vergy, possédoit aussi un château fort, pillé et détruit par l'armée de Galas en 1636. Ce village d'Arc, situé à deux lieues de Dijon, ne doit pas être confondu avec Arc-en-Barrois, petite ville également située en Bourgogne, mais près des frontières de la Champagne et dans le diocèse de Langres, qui comprenoit la ville de Dijon avant qu'elle fût devenue le siége d'un évêché. La ville d'Arc-en-Barrois est entourée de murailles flanquées de tours d'un aspect très-pittoresque. Au centre s'élevoit un château, aujourd'hui en ruines, qui, après avoir appartenu successivement aux familles de Beauffremont, de Bourgogne-Montaigu, de la Baume, de Vienne, de Vitry, puis au duc de Penthièvre, faisoit partie, à la fin du XVIIIe siècle, des domaines de la maison d'Orléans. Les églises intéressantes par leur construction ne sont pas rares dans les environs de Dijon; l'archéologue remarquera celle de Gevrey, l'ancienne collégiale de Grancey, et particulièrement les églises de Selongey et de Marey que nous avons dessinées.

A quatre lieues de Dijon, entre cette ville et Beaune, au centre de ces vignobles si renommés qui font la prospérité et la richesse de la Bourgogne, s'élève, au bord du ruisseau de Meuzin, la jolie petite ville de Nuits, autrefois chef-lieu d'un bailliage dépendant du Dijonnois. C'étoit, au XIIe siècle, un bourg appartenant aux sires de Vergy, et qui fut donné en dot à leur héritière Alix, lorsqu'elle épousa le duc Eudes III. Ce prince lui accorda une charte de commune en 1212. Les habitants de Nuits furent si maltraités par l'invasion angloise, qu'ils obtinrent du roi Jean, en 1362, la permission d'entourer leur ville de remparts, ce qui ne l'empêcha pas d'être prise et ruinée trois fois : en 1569 et en 1576 par les troupes de Jean Casimir, duc de Bavière, allié des huguenots, en 1636 par l'armée du duc de Saxe-Weimar. Ces murailles, flanquées de huit tours, ont été détruites au commencement du XVIIIe siècle. La ville de Nuits n'a pas de monument plus ancien que son église de Saint-Symphorien, bâtie au XIIIe siècle. Le plan de l'édifice figure une croix latine. La façade est un simple pignon qu'accompagnent des deux côtés des collatéraux s'appuyant à ses flancs. Elle est percée à sa partie supérieure d'une baie ogivale allongée, ornée de trois têtes et de deux colonnettes à ses pieds-droits. Au-dessous est une porte à plein cintre, à voussures profondes, flanquée de chaque côté de trois colonnettes engagées. Un porche précède cette entrée. Au point d'intersection de la croisée avec le chœur et la nef s'élève un lourd clocher carré à deux étages. L'intérieur de l'église se compose d'une nef, d'un sanctuaire, de deux croisillons n'excédant pas la largeur des bas-côtés, et de trois absides quadrangulaires, une au centre et les deux autres latérales. La nef présente trois travées soutenues par des piliers carrés, avec colonnes engagées montant jusqu'à l'arc-doubleau de la voûte. Les collatéraux, quoique vastes, sont dépourvus de chapelles. Partout les chapiteaux des colonnes présentent des ornements de feuillages. Le chœur n'est composé que de deux travées à piliers flanqués de fines colonnettes. Il y a dans la même ville une autre église, ancienne collégiale, sous le vocable de saint Denis. Fondée au château de Vergy par Humbert de Vergy, évêque de Paris, en 1023, rebâtie par la duchesse Alix au commencement du XIIIe siècle, honorée des bienfaits du duc Eudes II et de ses successeurs, associée à la grande abbaye de Saint-Denis, cette collégiale fut tranférée à Nuits sous Henri IV, après la démolition du château de Vergy; elle rappelle plus de souvenirs historiques que l'église de Saint-Symphorien, mais elle offre moins d'intérêt au point de vue de l'art. Nous lisons dans Courtépée, que les chanoines de Nuits conservoient encore, en 1778, un magnifique reliquaire de vermeil, renfermant des ossements de saint Denis, et dont l'extérieur représentoit le château de Vergy avec ses tours et ses fortifications. C'étoit un présent que leur avoit fait la duchesse Alix. Qu'est devenu ce précieux monument de l'orfévrerie du XIIIe siècle?

A deux lieues de Nuits se voient les nobles et imposantes ruines de la grande abbaye de Cîteaux (*Cistercium*), fondée en 1098 dans une solitude, couverte alors d'épaisses forêts, par saint Robert, abbé de Molesme, aidé des libéralités du duc de BOURGOGNE, Eudes Ier, de Rainard, vicomte de Beaune, et de Gautier, évêque de Châlon. Le monastère de Cîteaux devint bientôt chef d'un ordre qui jeta dès l'origine et pendant près de sept siècles un grand éclat dans l'Église de France. Saint Albéric, successeur de saint Robert, obtint, en 1100, du pape Pascal II la confirmation de cet ordre, et, peu d'années après, l'abbé Étienne en assura la gloire en y associant (1113) l'illustre saint Bernard, le dernier des Pères de l'Église d'Occident. Les moines cisterciens, enrichis par d'immenses défrichements et par la fondation des quatre abbayes de la Ferté-sur-Grône, de Pontigny en Auxerrois, de Clairvaux et de Morimont en Champagne, qui portoient le nom de *Filles de Cîteaux*, acquirent en peu de temps une immense influence, plus encore par leurs vertus et l'exactitude de leur discipline que par leurs richesses. Ils furent les premiers à introduire dans le gouvernement de leurs maisons l'usage des chapitres généraux, auxquels, pour la protection de leurs droits, ils appeloient toujours quelques puissances de l'Église ou du siècle. Les papes, les rois de France et de Portugal, les empereurs d'Occident, entretenoient avec Cîteaux des relations d'amitié et de confiance. Innocent III et Honoré II ne crurent pas déroger à la majesté pontificale en lui dédiant leurs ouvrages. Lorsque le premier roi de Portugal, Alfonse Henriquez, fils de Henri de BOURGOGNE, fit vœu de fonder un monastère en mémoire de sa victoire sur les Maures, il envoya demander à saint Bernard cinq moines de Cîteaux pour construire la nouvelle abbaye. Ces religieux se rendirent en Portugal, et ce fut sous leur direction que s'éleva en 1170 le célèbre monastère d'Alcobaça, à quinze lieues de Lisbonne. On voit, en 1204, Baudouin Ier, empereur de Constantinople, adresser à Cîteaux le récit de ses victoires et lui donner en présent l'étendard et les dépouilles d'Alexis Ducas. Saint Louis, accompagné de toute sa cour, vint, en 1244, visiter la grande abbaye et se recommander aux prières de ses religieux, qui le reçurent au nombre de plus de cinq cents. Les cisterciens étoient alors pour le peuple les moines par excellence : on les forçoit de monter en chaire et de prêcher la croisade. Quelques historiens blâment leurs habitudes d'opulence et de faste. « Un jour, raconte un de ces écrivains, l'abbé de Cîteaux partoit « avec ses religieux, dans un magnifique appareil, pour aller en Langue- « doc travailler à la conversion des hérétiques. Deux Castillans qui reve- « noient de Rome, l'évêque d'Osma et l'un de ses chanoines, le fameux « saint Dominique, n'hésitèrent pas à leur dire que ce luxe et cette « pompe détruiroient l'effet de leurs discours. C'est pieds nus, dirent-ils, « qu'il faut marcher contre les fils de l'orgueil; ils veulent des exemples; « vous ne les réduirez point par des paroles. Les cisterciens descendirent « de leur monture et suivirent les deux Espagnols. » Il faut, toutefois, remarquer que les riches revenus qui permettoient ce luxe aux moines de Cîteaux provenoient de défrichements exécutés par leurs prédécesseurs, et continués par eux, travaux entrepris aussi bien pour nourrir et moraliser le peuple qui les entouroit, que dans les intérêts généraux de la civilisation. L'abbé de Cîteaux avoit le titre d'*abbé des abbés;* il étoit supérieur général des ordres militaires de l'Espagne et du Portugal, Saint-Jacques, Alcantara, Calatrava, Avis, et siégeoit au premier rang dans les conciles. L'ordre de Cîteaux a donné quatre papes à l'Église : Eugène III, Grégoire VIII, Célestin IV, Benoît XII. Il comptoit avant la réforme dix-huit cents monastères d'hommes et quatorze cents de filles. Les ducs de Bourgogne avoient comblé de dons l'abbaye de Cîteaux, où plus de soixante des princes et princesses de la première race ducale avoient leur sépulture. On y voyoit aussi les tombeaux des sires de Vergy, celui de Guy de Rochefort, chancelier de France, mort en 1507, et celui de Philippe Pot. Nous avons retrouvé à Dijon et décrit précédemment ce dernier monument funèbre, l'un des plus caractérisés du moyen âge. Les autres tombes de Cîteaux, dont on trouve la description dans le *Voyage littéraire* de D. Martène, tome Ier, page 198, ont été pour la plupart détruites à l'époque révolutionnaire. Ce savant Bénédictin, qui visita Cîteaux en 1710, vante la magnificence des bâtiments du monastère. Dans l'un des trois cloîtres, il remarqua, comme à Clairvaux, de petites cellules qu'on appeloit *les écritoires,* parce que les anciens moines y écrivoient des livres. Il s'attache surtout à décrire la bibliothèque, et donne la liste de quelques-uns des huit cents manuscrits qu'elle contenoit. « Les plus considérables, dit-il, sont la Bible en six volumes, que saint Étienne, troisième abbé de Cîteaux, fit corriger par des rabbins, et le manuscrit qui contient la règle de saint Benoît. » D. Martène cite en outre les « anciens bréviaires des religieux, écrits d'un caractère fort menu, dans de petits cahiers amovibles que l'on tiroit aisément pour les mettre à la disposition des voyageurs. » Il vit dans le trésor de l'abbaye le psautier de saint Robert, la chaire dont se servoit saint Bernard lorsqu'il étoit novice à Cîteaux, un voile de calice fait d'écorce d'arbres, d'un travail admirable, la masse d'armes des ducs de Bourgogne et « leur porte-lettres. » Ce trésor renfermoit encore, en 1792, de précieux objets, entre autres les oratoires des duchesses de Bourgogne et un reliquaire d'or donné au XIIIe siècle par Otton de Cicons, prince de Romanie, qui l'avoit reçu de Baudouin, empereur de Constantinople. « Un des plus vénérables endroits de Cîteaux, écrivoit Courtépée en 1778, c'est l'ancien monastère habité par les premiers religieux et où saint Bernard fut reçu. L'église en fut consacrée en 1099 par l'évêque de Châlon; elle est petite, voûtée, fort jolie; on l'appelle aujourd'hui la chapelle Saint-Edme.... L'église actuelle, achevée au XIIe siècle, fut dédiée à la Vierge. Elle est couverte en partie de plomb, bien éclairée, ayant deux cent quatre-vingt-deux pieds de long. Le portail n'est pas digne d'une si belle basilique; aussi pense-t-on à le détruire(1). » Les somptueux bâtiments de l'abbaye, reconstruits en 1772 sur les dessins

(1) *Description du duché de Bourgogne,* tome III, page 180.

de Lenoir le Romain, n'étoient pas terminés entièrement quand la révolution en renversa une partie et dénatura l'autre. Ce qui en a été conservé est occupé par des établissements industriels.

Dans l'ancien bailliage de Nuits étoient deux abbayes de filles de l'ordre de Cîteaux : celle de Molaise, fondée en 1122 par le duc Eudes II, entre la Dheune et la Saône, près d'Écuelle, et celle de Lieu-Dieu, *Locus-Dei,* dont l'origine remontoit à l'an 1140. Cette dernière avoit pour fondateurs les sires de Vergy; elle fut transférée à Beaune en 1636. Signalons aussi le prieuré de Saint-Vivant, fondé en 890 par Manassès de Vergy et sa femme Hermengarde, et placé sous la dépendance de Cluny. L'église et la maison conventuelle de Saint-Vivant avoient été rebâties complétement en 1772. Le bourg d'Argilly et celui de Villiers-la-Faye, berceau d'une des plus illustres familles de la noblesse de Bourgogne, ont conservé d'anciens manoirs dignes d'être visités. Le château de Gilly-lez-Cîteaux, situé au centre du village et entouré de fossés baignés par les eaux de la Vouge, fut longtemps la résidence des abbés de Cîteaux, qui y donnoient des fêtes splendides aux ducs et aux duchesses de Bourgogne. Gilly avoit en outre une forteresse féodale, bâtie dans le XIIIe siècle pour défendre la route de Dijon à Châlon; mais il n'en existe plus de vestiges.

Si l'on se dirige vers l'est après avoir traversé les grands bois qui environnent Cîteaux, on entre dans l'ancien comté d'Auxonne, petite souveraincté séparée originairement du duché et du comté de Bourgogne, mais réunie au duché par édit de Henry II, de 1552, et comprise dans le Dijonnois, dont elle formoit la limite du côté de la Franche-Comté. Auxonne, petite ville fortifiée, assise sur la rive gauche de la Saône, étoit au IXe siècle un village, et n'existe comme ville que depuis le XIIe siècle. Elle fut affranchie en 1229 par Étienne II, comte de Bourgogne, et reçut plus tard, sous les ducs, le privilége de battre monnoie. Ses premières fortifications remontent à l'an 1350. Son château, bâti par Louis XII et François Ier, étoit flanqué de cinq grosses tours. Les fortifications actuelles, commencées en 1673 par le comte d'Apremont, furent complétées en 1675 par Vauban. Auxonne, servant de barrière au duché avant la conquête de la Franche-Comté, donna un exemple mémorable de fidélité lorsqu'en 1526 elle refusa de se rendre au comte de Lannoy, qui venoit en prendre possession au nom de l'empereur Charles-Quint, en exécution du traité de Madrid. Sur le refus des habitants, Lannoy forma le siége de la place; mais l'opiniâtre résistance des assiégés l'obligea à se retirer avec perte. Les Auxonnois se montrèrent tout aussi vaillants et furent toutefois moins heureux pendant les troubles de la Ligue; ils se virent obligés de livrer leur château au duc de Guise, le 17 août 1586, après la plus vigoureuse défense. Cette ville possédoit une école d'artillerie établie en 1757 et supprimée il y a trente ans. Elle n'a d'autre monument ancien que son église de Notre-Dame, fondée par Jeanne de France, duchesse de Bourgogne, en 1328, et achevée, vers 1360, par Marguerite de Flandre, épouse de Philippe de Rouvre, à l'exception du portail et de la tour de l'Horloge, que les habitants firent élever à leurs frais en 1516. Pontailler, bourg de l'ancien comté d'Auxonne, bâti sur deux îles formées par la Saône, au pied du Montardon, *Mons Arduus,* avoit, sous Charles-le-Chauve, une maison royale, et plus tard un château fort, souvent pris et repris, dont il reste à peine des débris. Sur le Montardon on a trouvé à diverses époques des fondations de murs, des briques éparses, des médailles, qui indiquent un établissement gallo-romain. « Là souloit estre, dit Saint-Julien de Baleure, une ample et spacieuse ville, de laquelle il n'est plus que la mémoire qui en est venue de père en fils. » Mirebeau, sur la rivière de Bèze, étoit autrefois une ville assez considérable que le roi Robert assiégea en 1015, et que l'armée de Galas saccagea en 1636. Le château est une construction du règne de François Ier, comme l'atteste l'initiale couronnée F, que l'on remarque sur deux anciennes tours. La chapelle de ce château renferme une belle tombe érigée à la mémoire de Catherine de Beauffremont, morte en 1507. Au commencement du XVIIIe siècle D. Martène lut une inscription gravée en anciennes lettres romaines sur une pierre dans un créneau d'une des tours de Mirebeau. Cette inscription sembloit attester que Mirebeau existoit dès l'époque romaine, et avoit assez d'importance pour posséder un théâtre(1).

Au sud du comté d'Auxonne s'étendoit le bailliage de Saint-Jean de Losne ou le Losnois, qui dévoit ce dernier nom à sa capitale, Losne, *Ladona, Latona, Laona,* où l'on croit qu'étoit jadis un temple de Latone. Dagobert y tint un plaid public en 629. Thierry II, roi de Bourgogne, fonda près de Losne, en 637, une abbaye de Bénédictins, devenue plus tard simple prieuré dépendant de Cluny. A la même époque l'histoire commence à désigner cette ville sous le nom de Saint-Jean-de-Losne, *Fanum Sancti Joannis de Ladona,* à cause de l'église qu'on y avoit élevée sous l'invocation de saint Jean-Baptiste. Saint-Jean-de-Losne est surtout célèbre par son admirable défense, en 1636, contre les soixante mille hommes de l'armée de Galas. La place, peu fortifiée, n'avoit que huit petites pièces de canon sans canonniers, une garnison de cent cinquante hommes, et contenoit à peine trois cents habitants en état de porter les armes. Mais, malgré le feu terrible d'une nombreuse artillerie, un furieux assaut de trois heures, une brèche ouverte de douze toises, les assiégés tinrent ferme, et rien ne fut capable d'ébranler leur constance. Ils firent serment de combattre jusqu'à la mort. « Si le « nombre des assiégeants l'emportoit, il fut décidé qu'un chacun, au son « de la grosse cloche, mettroit le feu à sa maison, et périroit ensuite les « armes à la main, en se défendant de rue en rue jusqu'à la porte du « pont de Saône dont on abattroit une arche pour rendre cette conquête « inutile aux ennemis. » A peine cette résolution avoit-elle été prise qu'un second assaut, plus meurtrier que le premier, fut livré à la ville. Les assiégés se battirent avec tout l'acharnement du désespoir; ils alloient pourtant succomber sous le nombre, lorsque douze habitants d'Auxonne, accourus pour partager les périls de leurs voisins, à la dernière heure de l'assaut, vinrent leur annoncer l'approche d'un secours amené par le comte de Rantzau. Le comte arriva en effet au milieu de la nuit, et força Galas à lever le siége, le 3 novembre 1636, après neuf jours de tran-

(1) *Voyage littéraire*, tome Ier, page 188.

chée ouverte. Une fête annuelle consacra longtemps ce glorieux anniversaire. Nous n'avons aucun monument à signaler à Saint-Jean-de-Losne; son église, d'une origine très-ancienne, comme nous l'avons dit, a subi des transformations qui lui ont ôté presque tout intérêt archéologique.

Le Losnois confinoit vers l'ouest au bailliage de Beaune ou Beaunois, *pagus Belnensis,* le plus important des bailliages secondaires réunis au Dijonnois. La ville de Beaune, *Belno castrum, Belnum,* située dans un pays agréable, au pied d'un des plus fertiles coteaux de la BOURGOGNE, a une origine fort ancienne, quoiqu'il ne soit pas prouvé qu'elle ait porté dès le temps de César le nom de *Minervia*, ni qu'elle ait reçu, sous Aurélien, son nom de *Belnum* d'un temple dédié à *Belenus*, l'Apollon gaulois, ou à *Bellone.* Il n'est pas certain non plus qu'Aurélien l'entoura de murs comme on le prétend; mais les débris de monuments, les inscriptions, les médailles trouvées sur divers points de son enceinte démontrent qu'elle existoit dès l'époque gallo-romaine, sinon comme ville, du moins comme point fortifié. Au VIIIe siècle, Beaune, chef-lieu du *pagus Belnensis,* avoit pris un assez grand accroissement lorsqu'elle fut saccagée par les Sarrasins en 732. Dix ans auparavant saint Romule et ses religieux, fuyant devant l'islamisme, avoient abandonné le monastère de Saint-Baudèle, près de Nîmes, et s'étoient réfugiés en BOURGOGNE. Une église, transformée aujourd'hui en cave, fut construite à Beaune en l'honneur du saint martyr. Au Xe siècle s'éleva la collégiale de Notre-Dame, à soixante pas seulement de la crypte de Saint-Baudèle. Dans les premiers temps de la féodalité, cette ville avoit pour gouverneurs immédiats des vicomtes qui, nommés par le roi et les ducs pour exercer une autorité temporaire, parvinrent bientôt à se rendre héréditaires. A ces vicomtes succédèrent, au commencement du XIIe siècle, des prévôts qui conservèrent l'autorité jusqu'à l'érection de la commune sous le duc Eudes III, en l'année 1203. C'est à Beaune, centre de la BOURGOGNE, que se tenoient chaque année après Pâques les *Jours Généraux* ou les *Grands Jours.* Cette cour supérieure, établie par les ducs en 1310, étoit désignée ordinairement sous le nom de parlement de Beaune. Après la mort de Charles-le-Téméraire, Louis XI la supprima pour instituer à Dijon un parlement sédentaire. Quelques historiens regardent cette suppression comme une vengeance du roi de France, qui vouloit punir Beaune d'avoir soutenu les droits de Marie de BOURGOGNE. Ce qui est certain, c'est que, pour réduire cette ville à l'obéissance, Louis XI avoit été obligé d'en faire faire le siége. Ses troupes, commandées par Charles d'Amboise, s'en emparèrent au bout de cinq semaines, et infligèrent aux habitants une amende de 40,000 écus. Comme place frontière, Beaune conserva jusqu'à la conquête de la Franche-Comté une certaine importance. Louis XII en augmenta les fortifications. Remise par Henri III aux mains du duc de Mayenne, la ville eut pendant dix ans pour gouverneur le maître d'hôtel du duc, Edme de Montmoyen. Fatigués des vexations des soldats ligueurs, ses habitants prirent enfin les armes, et, reléguant la garnison dans le château, ouvrirent leurs portes au maréchal de Biron le 5 février 1595. Trente ans plus tard, notre vieil historien André Duchesne considéroit encore cette ville comme une place «très-forte et d'artifice admirable, remparée de quatre gros et « effroyables boulevards qui défendent le chasteau, bien flanquée et « fossoyée de murailles en tout son enceint (1). » Cet appareil redoutable a depuis longtemps disparu, et ce que la paisible cité a conservé de ses remparts est devenu une promenade publique.

Le monument le plus ancien de la ville de Beaune est sa belle église collégiale, aujourd'hui paroissiale de Notre-Dame, fondée en 976 par le duc Henri le Grand, frère de Hugues Capet, et terminée en 1080 par la duchesse Mathilde, femme de Eudes Ier. Le chapitre de l'*insigne collégiale de Beaune,* titre conféré à cette basilique par le pape Sixte IV, a donné à la France six évêques et trois cardinaux, entre autres Guillaume Briçonnet, premier ministre de Charles VIII. L'église de Notre-Dame, quoique dépouillée depuis longtemps de ses plus beaux ornements d'architecture et de sculpture, offre encore beaucoup d'intérêt. L'édifice appartient à l'époque de transition du style roman au style

(1) Les *Antiquités et Recherches... des villes de France,* édition de 1647, p. 915.

ogival. La grand'porte, la travée la plus voisine et les premières arcades latérales sont à plein cintre, tandis que l'ogive règne dans tout le reste du monument. Le porche, d'une hardiesse et d'une légèreté remarquable, date de l'an 1332. Avant d'avoir été réduit par les destructeurs de 1793 à sa nudité actuelle, ce porche étoit décoré d'une ornementation riche et variée : Dieu sur un dôme de nuages au milieu de groupes d'anges tenant des trompettes; au-dessous l'Agneau apocalyptique, la Vierge avec les apôtres; plus bas la Résurrection des morts. Les voussures étoient remplies par cinq cordons de statuettes représentant les douze signes du zodiaque, les mois de l'année, les vierges sages et les vierges folles. La grand'porte étoit partagée en deux par un pilier supportant une statue de Notre-Dame, à qui douze saints de l'Ancien Testament faisoient cortége. Toutes ces sculptures ont été détruites, ainsi que la statue en marbre blanc de la duchesse Mathilde, le jubé qui fermoit le chœur et l'ancien maître-autel surmonté d'un riche retable en argent, enlevé, dit-on, aux Liégeois rebelles par Charles-le-Téméraire. Nous devons signaler surtout dans cette église la hardiesse du cul-de-lampe qui soutient l'orgue, ouvrage du XVe siècle, la ciselure des trois portes principales et les charmantes sculptures de la première chapelle à droite, bâtie de 1514 à 1530 par Jean Bouton, prévôt de Conche et chanoine de Beaune. Quelques autres chapelles renferment de belles pierres tombales du XVe siècle. La chaire, adossée à un pilier de la nef, est dans le goût de la Renaissance et d'une belle exécution.

Il existoit à Beaune plusieurs autres églises : celle de Saint-Étienne, élevée, assure-t-on, dès le VIe siècle, brûlée par les Sarrasins en 732, rebâtie au commencement du XIe siècle, et devenue le chef-lieu d'un prieuré qui subsista jusqu'en 1628, époque à laquelle on y établit des Carmélites; Saint-Pierre, sur la place de ce nom, église construite en 1098, démolie en 1804; Saint-Martin, la Madeleine et Saint-Nicolas. Cette dernière a seule été épargnée par la révolution. Elle se distingue, à l'extérieur, par un grand porche d'une construction curieuse.

Mais le plus important et le plus précieux monument de cette ville, au point de vue de l'art, est son magnifique hôpital, fondé en 1443 par Nicolas Rolin, chancelier de Bourgogne sous le duc Philippe-le-Bon, et Guigone de Salins, sa seconde femme. Cet édifice, qui, suivant l'expression d'un écrivain du XVIe siècle, « ressent plutôt un château royal que le logis des pauvres», est un modèle complet et extrêmement intéressant de l'architecture civile du moyen âge. Il a dans son ensemble et dans ses détails un caractère tout à fait septentrional, qui rappelle cette époque brillante où les maîtres de la Bourgogne appeloient dans cette contrée, pour y exécuter tant de grands travaux, les artistes renommés de la Flandre. Aucun monument de destination semblable ne réunit de plus favorables conditions. Le bon goût y relève partout et ennoblit l'utile. La proportion, l'étendue, l'ornement, la grâce, la solidité, tout concourt, dans une parfaite harmonie, à produire le plus grand effet. La cour d'honneur a la forme d'un parallélogramme. De l'orient à l'occident s'étendent deux grandes ailes de bâtiments d'environ cent soixante-dix pieds de longueur. Le corps de logis qui les réunit en a soixante-trois seulement sur quarante de profondeur. Au devant de celui-ci, et de l'aile du midi jusqu'à la hauteur des toits, règne une élégante galerie à deux étages. Des colonnettes de pierre, taillées à vive arête, soutiennent l'étage inférieur, et des poutrelles en bois, l'étage supérieur. Au-dessus de cette galerie s'ouvrent des fenêtres surmontées de pignons trilobés à deux, trois et quatre ogives, faits d'une charpente artistement agencée. Des sommets de ces espèces de frontons ouvragés s'élancent autant de girouettes à tige de fer revêtues des plus délicats ornements en plomb. A la rencontre des deux côtés de la galerie un escalier en limaçon se termine par une tourelle octogone. A l'extrémité des bâtiments du midi une tourelle carrée renferme un autre escalier en spirale auquel on accède de l'aire même de la grande cour. Près de là on aperçoit la margelle hexagonale d'un puits orné d'une belle armature de fer. Au dehors, du côté de la ville, un charmant porche en forme d'auvent donne entrée à l'hôpital. Au-dessous, une inscription, qui remplace un bas-relief détruit, indique l'année de la fondation de ce

pieux asile. Un peu en retraite sur la voussure s'ouvre une porte à cintre surbaissé, dont les panneaux sculptés et les ferrures sont curieusement travaillés. Elle donne entrée dans la grand'salle de l'hôpital, spacieux et magnifique vaisseau, semblable à une nef d'église, mais qu'on a malheureusement défiguré en supprimant sa haute voûte en bardeaux peints pour y substituer un plafond du plus disgracieux effet. Malgré cette mutilation, cette vaste salle, éclairée par des fenêtres en ogives, offre même aujourd'hui de grandes beautés de détail, aussi bien que la sacristie qui en forme l'annexe. Ne pouvant faire ici la description minutieuse de ce monument dans toutes ses parties, nous nous contenterons de signaler encore la salle Saint-Hugues, ornée de peintures à fresque du XVIIe siècle; la salle Saint-Nicolas, aux deux extrémités de laquelle sont deux anciennes et curieuses cheminées; le réfectoire, la cuisine, avec tous ses ustensiles de l'époque même de la fondation; enfin la salle du conseil d'administration, où l'on a placé depuis peu un immense tableau à volets mobiles, triptyque d'un inestimable prix qui ornoit autrefois la grand'salle. Ce tableau, représentant le jugement dernier, remonte aux premiers temps de la peinture à l'huile. Il est du célèbre van Eyck (Jean de Bruges), suivant l'opinion admise par M. Aymar Verdier dans l'excellent travail archéologique qu'il a publié sur l'hôpital de Beaune (1).

Dans les environs de Beaune, près du village de Cussy, nous avons visité un monument romain d'un grand intérêt, et bien souvent décrit, la célèbre colonne de Cussy. Cette colonne est située à un quart de lieue du village, au milieu des champs, dans un vallon entouré de montagnes. Son fût est un cylindre régulier, légèrement renflé au centre. La partie inférieure est ornée de deux rangs superposés de petits caissons losangés, dans chacun desquels est sculptée une rosace; le reste du fût offre une suite de feuilles renversées. La base attique repose sur la corniche d'un piédestal de forme octogonale, dont chaque face présente une niche peu profonde, et, dans

(1) *Architecture civile et domestique au moyen âge et à la Renaissance*, par Aymar Verdier et F. Cattois, Paris, Didron, 1855, in-4°, page 9.

chaque niche, une statue sculptée en bas-relief. Ces huit figures sont dans un état de dégradation qui les rend presque toutes méconnoissables; on n'en distingue que trois d'une manière à peu près certaine : Junon, Minerve, et un personnage revêtu du sagum, les mains liées, la tête inclinée dans une attitude de douleur et de confusion. Le piédestal octogone autour duquel sont placés ces bas-reliefs n'a point de base et le dais repose immédiatement sur un acrotère que supporte la corniche d'un second piédestal, de forme carrée, dont le style dégénéré indique que c'est une addition postérieure à l'érection du monument. La restauration inintelligente faite à la partie supérieure de la colonne ne date que de 1825. C'est à cette époque qu'on a placé sur le fût, en guise de chapiteau, une margelle de puits sculptée, trouvée aux environs, à Auvenay, et qui passoit, peut-être à tort, pour avoir appartenu au monument de Cussy. Cette pierre portoit sur deux de ses faces les têtes de Jupiter et d'Apollon; on y ajouta sur les deux autres faces Diane et Minerve. C'est aussi en 1825 qu'on établit autour de la colonne une enceinte, dans laquelle on plaça, de chaque côté du monument, deux débris gallo-romains, dont l'un est connu dans le pays sous le nom de *pierre cornue*. Depuis Saumaise et Montfaucon jusqu'aux archéologues modernes, bien des savants ont émis des conjectures diverses sur l'origine et la destination de la colonne de Cussy. Suivant l'opinion la plus généralement adoptée maintenant, ce monument auroit été érigé pour perpétuer le souvenir de la victoire de César sur les Helvétiens. La découverte récente d'un grand nombre de tumuli et d'armes gauloises ou romaines au village de Champignolles et sur les chaumes d'Auvenay a autorisé plusieurs écrivains à penser que ces localités, très-voisines de Cussy, ont été le point de rencontre des légions de César avec l'armée helvétienne. (Voy. *Mémoires de la Commission des antiquités de la Côte-d'Or*, t. I, p. 231; t. II, 79, et t. III, 312).

A Mavilly, village situé sur une colline élevée, à une lieue de Beaune, on reconnoît distinctement les restes d'une grande voie romaine qui conduisoit d'Autun à Besançon. Des briques et des tuiles à rebord, mèlées à des fragments de sculptures antiques ont été trouvées à diverses époques au sommet de cette colline. L'église de Mavilly elle-même paroît avoir été bâtie avec ces débris. En la reconstruisant, il y a cinquante ans, on a rencontré des bas-reliefs mutilés, des frises, des fûts de colonnes et d'autres portions de quelque grand édifice romain.

Signalons encore dans cette riche et pittoresque contrée les belles églises de Meursault et de Nolay, surmontées de flèches élégantes, et les imposantes ruines du château de la Roche-Nolay, plus connu sous le nom de la Roche-Pot. Bâti au XIIIe siècle, sur une roche escarpée, par Alexandre de BOURGOGNE, prince de Morée, frère du duc Eudes III, ce manoir féodal avoit été acquis, en 1403, de Louis de Savoie, prince de Morée, par messire Regnier Pot, chambellan du duc Philippe-le-Hardi, et aïeul de ce Philippe Pot, dont nous avons décrit la tombe. Après l'extinction de cette famille, le château de la Roche passa à la maison de Montmorency, puis à d'autres, et fut érigé en comté en 1742. Il couvre de ses pans de murailles, noircies par le temps, et de ses tours démantelées une colline qui domine le bourg de la Roche-Nolay.

Dijon.

L'Auxois.

Semur, Arnay-le-Duc, Saulieu, Avallon.

L'Auxois, l'ancien *pagus Alesiensis*, qui tiroit son nom de la ville d'Alise (*Alesia*), renfermoit dans ses limites l'Avallonois ainsi que le Duémois, et formoit, au commencement de la seconde race, un comté que Louis-le-Débonnaire donna en apanage à son fils Pepin, en 817. Le plus ancien comte d'Auxois cité dans l'histoire est Manassès de Vergy, qui, en 880, étoit en même temps comte d'Autun, de Dijon et de Beaune; le dernier est Létalde, après la mort duquel l'Auxois fut réuni au duché de Bourgogne, à défaut d'héritiers mâles, par le duc Eudes Ier, en 1082. La capitale de ce petit pays, Semur (*Sinemurum, Semurium*), s'élève sur un rocher granitique baigné de trois côtés par l'Armançon. C'est une ville fort ancienne, quoiqu'elle ne doive pas sa fondation à l'Hercule gaulois, comme l'ont prétendu Chasseneuz et d'autres naïfs chroniqueurs. Suivant quelques historiens, son château auroit servi de refuge aux Mandubiens après la destruction d'Alise par César. Au moyen âge cette ville étoit divisée en trois parties : le Bourg, le Donjon et le Château. Elle avoit quelque importance dès le VIIIe siècle.

28

Le duc Eudes IV et sa femme Alix de Vergy l'affranchirent, en 1214, et le duc Robert II, en 1276, l'érigea en commune. Au XIIIe siècle, après le combat de Brion, le château de Semur fut reconstruit et défendu par deux fortes courtines. Il joua un certain rôle dans les guerres contre les Anglois, et servit souvent de point de ralliement aux seigneurs du pays pour la défense de leur territoire. Semur fut la seule ville de la BOURGOGNE qui resta constamment dévouée aux intérêts de Henri IV pendant les guerres de la Ligue; aussi le roi, pour la récompenser, y convoqua-t-il les États de la province, en 1590. Le Parlement de Dijon y fut transféré la même année et y siégea jusqu'en 1595. Les anciennes murailles de la ville et les quatre énormes tours de son château subsistent encore en partie.

L'église paroissiale de Notre-Dame de Semur fut bâtie en 1065 par Robert Ier, dit le Vieux, chef de la première race royale des ducs de BOURGOGNE, sur l'emplacement d'un prieuré dépendant de l'abbaye de Flavigny. Suivant une tradition, qui n'est établie sur aucun témoignage historique sérieux, cette fondation auroit été faite en expiation d'un crime. Le duc Robert, mari d'Hélie, fille de Dalmace, seigneur de Semur-en-Brionnois, avoit, si l'on en croit cette légende, empoisonné son beau-père dans un festin, et ce seroit pour obtenir de Dieu son pardon qu'il auroit fait élever à Semur en Auxois l'église de Notre-Dame. L'édifice a subi de nombreuses réparations qui en ont altéré le caractère primitif. Le grand portail formant porche présente trois portes, autrefois ornées de statues et de sculptures qui furent brisées en 1794. Ce portail est surmonté d'une galerie à clochetons. Au-dessus s'élèvent deux tours carrées. La nef semble un peu étroite; sa voûte s'appuie sur douze piliers à colonnettes, tandis que les arcs-doubleaux des bas-côtés reposent sur des pilastres. Ces bas-côtés, reconstruits en 1340, tournent autour du sanctuaire, qui est flanqué de cinq chapelles absidales. Un double rang de galeries entoure le chœur. Dans la chapelle des Drapiers quatre beaux vitraux représentent la tonte, le peignage et le foulage des draps. On remarque aussi dans la nef ou dans les chapelles des peintures sur bois du xve siècle, plusieurs tableaux de Carle Vanloo et une chaire de forme très-ancienne que l'on croit antérieure à la fondation de l'édifice. Mais ce qui fixe surtout l'attention dans cette église, ce sont les curieux bas-reliefs de la porte septentrionale, appelée *porte des Blés*. Ils se divisent en trois parties, subdivisées chacune en plusieurs groupes qui se suivent en commençant par le bas à droite et continuant par la gauche en remontant. Tous les écrivains du pays, et après eux Millin, affirment que ces sculptures représentent les diverses circonstances de la mort de Dalmace et de l'expiation de ce crime par le duc Robert. Les savants modernes les plus versés dans l'étude du symbolisme chrétien rejettent complétement cette explication; ils ne voient dans cette série de bas-reliefs que la reproduction des principales scènes de la légende de saint Thomas apôtre. M. Didron est le premier de nos archéologues qui ait exprimé cette opinion; à sa demande, et après communication d'un dessin exact de ces bas-reliefs, le comité historique des arts et monuments a constaté que les vingt-quatre figures qui forment l'ensemble de la composition sont toutes relatives à la légende de saint Thomas. Cette légende fait partie de l'histoire apocryphe du combat des apôtres attribuée à un certain Abdias, évêque de Babylone, et recueillie par Jacques de Voragine dans sa *Légende dorée*. Le texte explique une à une toutes les figures des bas-reliefs, dont il semble la traduction littérale. En haut, en commençant par la gauche, le Christ fait toucher ses plaies à saint Thomas et lui donne pour mission d'aller dans les Indes; — un envoyé de Godofore, roi des Indes, engage saint Thomas à le suivre; — débarquement de saint Thomas, sa réception par le roi Godofore, qui le charge de bâtir un palais, et qui s'en va. Pendant son absence saint Thomas donne l'argent du roi aux pauvres. Le roi revient et lui demande son palais. Réponse de saint Thomas, qu'il lui en a bâti un dans le ciel. Le roi Godofore se console, et saint Thomas est invité à un repas, auquel assistent des histrions et une femme qui danse sur les mains. Le panetier donne un soufflet à saint Thomas, et va chercher de l'eau à la fontaine. Un lion le dévore, et un chien rapporte la main du panetier pendant le banquet.

Le fondateur de Notre-Dame de Semur, Robert Ier, voulut y être inhumé sans qu'aucun monument indiquât le lieu de sa sépulture. On ignore dans quelle partie de l'édifice reposent ses restes. Le savant Génébrard, un des plus fougueux défenseurs de la Ligue, et le premier maître de saint François de Sales, étoit prieur de Notre-Dame de Semur, et y fut enterré en 1597.

Après avoir visité, près de Semur, trois monuments druidiques bien conservés, le menhir de Bocavault, la *Roche de la Chapelle*, à Grésigny, et la *Table-du-Diable*, à Bussy-le-Grand, nous ne pouvions manquer de gravir les plateaux du mont Auxois pour évoquer, parmi les ruines qui le couvrent, un des plus grands souvenirs de la patrie. Suivant une antique tradition, appuyée d'un solide mémoire de d'Anville, et généralement adoptée depuis plus d'un siècle, mais combattue avec plus d'ardeur que de succès, selon nous, par quelques archéologues de notre temps(1), c'est au sommet de cette montagne que s'élevoit *Alesia* (Alise), l'une des plus célèbres cités des Gaules, et le dernier boulevard de leur indépendance. On sait qu'après un engagement malheureux avec les Romains, Vercingétorix s'étoit jeté dans Alesia, où César vint l'assiéger. Le général gaulois se retrancha sous les murs de la ville et appela à son secours les troupes d'élite de toutes les parties de la Gaule. Suivant l'évaluation de César, peut-être exagérée, deux cent cinquante mille hommes de pied et huit mille cavaliers répondirent à cet appel; mais, malgré les efforts héroïques de cette puissante armée et de son valeureux chef, les Gaulois furent taillés en pièces, et Vercingétorix forcé

(1) Ces derniers écrivains, interprétant d'une façon nouvelle les passages obscurs ou incomplets des *Commentaires de César*, ont cru retrouver Alesia dans le petit village d'Alaise, situé en Franche-Comté, entre Besançon et Salins. Cette opinion a été principalement soutenue par MM. Delacroix, de Besançon, Jules Quicherat et Ernest Desjardins. Parmi les récents défenseurs de l'Alise bourguignonne nous citerons M. Rossignol, dont le mémoire a été couronné par l'Académie des inscriptions et belles-lettres, et l'illustre anonyme qui vient de faire paroître sur cette question le savant ouvrage intitulé : *Alesia, Étude sur la septième campagne de César en Gaule* (Paris, Michel Lévy, 1859, in-8°).

de se rendre à discrétion. La plaine qui s'étend à droite d'Alise, sous le nom de *vallée des Laumes*, paroît avoir été le théâtre de cette grande défaite. Le septième livre des *Commentaires*, qui renferme les détails du siége d'Alesia, est le meilleur guide qu'on puisse consulter pour reconnoître l'emplacement de la ville et des camps qui s'étendoient sous ses murs.

Alesia ne fut pas incendiée par César, comme l'a prétendu Florus; elle étoit assez florissante sous les premiers empereurs, et ce fut dans cette ville, au rapport de Pline, qu'on imagina d'argenter au feu les ornements des chevaux. Il ne reste plus des ruines d'Alise que d'immenses débris de pierres et de briques, au milieu desquels on a trouvé à diverses époques, depuis 1652 jusqu'en 1839, de nombreux fragments de marbre, des inscriptions, des médailles, et, ce qui est plus important, les restes d'un théâtre et d'un temple, le pavé de plusieurs rues et les murs d'un assez grand nombre d'habitations particulières (1). On croit que la ville d'Alise, détruite sous Théodose, vers l'an 395, probablement par les barbares, fut rebâtie ensuite et ne disparut entièrement qu'après le règne de Gontran, roi de BOURGOGNE (593). Trois siècles auparavant, à l'époque de la persécution de l'Église, sous l'empereur Dèce, sainte Reine, jeune vierge d'Alise, avoit reçu le martyre au pied du mont Auxois. Sur son tombeau s'éleva un oratoire que saint Germain d'Auxerre vint visiter en 431, et plus tard une église, autour de laquelle se forma le bourg de Sainte-Reine-d'Alise, qui occupe une partie de l'emplacement de la cité antique. Au moyen âge la renommée des miracles opérés par les reliques de sainte Reine et la vertu des eaux d'Alise qui passoient pour efficaces, attiroient dans ce bourg une grande affluence de pèlerins et de malades. L'établissement thermal qu'on y voit aujourd'hui a été fondé en 1659.

Flavigny, petite ville, située à trois quarts de lieue d'Alise, doit son origine à une importante abbaye de Bénédictins fondée à la fin du

(1) Voy. un *Rapport sur les fouilles faites à Alise en* 1839, par M. Maillard de Chambure, dans le tome premier des *Mémoires de la Commission des antiquités de la Côte-d'Or*, in-4°. page 101.

VIe siècle, et enrichie des bienfaits de Charlemagne, de Robert-le-Pieux et des ducs de BOURGOGNE. On compte parmi les abbés de ce monastère Hugues de Flavigny, petit-fils de l'empereur Othon III, et auteur d'une chronique estimée qui porte son nom. L'église abbatiale, construite en 758, rebâtie en 1200, a été démolie à la révolution. On remarque dans la ville la porte du Val, flanquée de deux tours, avec créneaux et parapets, et plusieurs maisons du XVe siècle. L'église paroissiale appartient également à cette dernière époque; elle a été fondée par Quentin Ménard, précepteur du duc Philippe-le-Bon et archevêque de Besançon. Le chœur renferme une boiserie sculptée avec une grande délicatesse. Au-dessus des chapelles règne une longue galerie qui couronne toute la nef, séparée du chœur par un jubé en pierre travaillé à jour.

Nous ne pouvons consacrer qu'un souvenir à un autre monastère de l'Auxois, plus célèbre encore que celui de Flavigny, et reconnu pour le plus ancien de toute la BOURGOGNE. Nous voulons parler de l'antique abbaye de Moutier-Saint-Jean ou de Réome, fondée au Ve siècle par saint Jean, fils d'Hilaire, sénateur de Dijon, et rebâtie entièrement au commencement du XIIe siècle. On peut voir dans D. Plancher (I, 516) la description et la gravure du beau portail de l'église abbatiale, élevée à cette dernière époque. Ce monastère, situé à trois lieues de Semur, n'a laissé presque aucun vestige. L'abbaye de Fontenay ou Fontenet (*Fontenetum*), seconde *fille* de Clairvaux, reconnoissoit pour fondateurs Bernard et Milon de Montbard, oncles de saint Bernard (1118). Sa vaste église avoit été construite en 1140 par Ébrard, évêque de Norwich. Les bâtiments de ce monastère ont été vendus et démolis en grande partie. Ce qui subsiste du cloître appartient au XIIe siècle; le style en est sévère; toutes les arcades sont à plein cintre. Ces ruines, encadrées par un paysage pittoresque, sont perdues dans une gorge resserrée et entourée de bois.

A quelques lieues d'Alise, vers le nord, est la jolie petite ville de Montbard, berceau et séjour de prédilection du grand naturaliste Buffon. Les jardins du château qu'il habitoit sont disposés en amphithéâtre jusqu'au sommet de la colline, couronnée par une vieille tour, reste du manoir féodal qui dominoit la contrée. Une autre ville de l'ancien Auxois, Vitteaux, sur la Braine, à quatre lieues de Semur, nous montre les sombres ruines de sa forteresse qui, après avoir joué un rôle important sous la Ligue, fut démantelée par ordre de Louis XIII, en 1631. Noyers (*Nuceriæ, Nucetum*), petite, mais ancienne cité, avoit donné son nom à des seigneurs célèbres parmi les plus puissants barons de la Bourgogne. Elle a conservé son enceinte de murailles flanquée de tours. On y remarque aussi les restes d'un château fort bâti en 1195, et détruit au xve siècle par les Anglois.

Parmi les quatre-vingts fiefs nobles qui relevoient de la tour de Noyers, le plus considérable étoit celui de Tanlay, situé sur la rive droite de l'Armançon, aux confins de la Bourgogne et de la Champagne. Le joli bourg de Tanlay possède un magnifique château qui, après avoir appartenu à l'illustre maison de Courtenay depuis le commencement du xiiie siècle jusqu'en 1385, époque de l'extinction de la branche de Courtenay-Tanlay, passa à la maison de Coligny. Reconstruit en 1559 par François de Coligny d'Andelot, colonel-général de l'infanterie françoise, l'un des frères du célèbre amiral de Coligny; agrandi par Jacques Chabot, comte de Charny, qui avoit épousé en 1574 Anne de Coligny, dame de Tanlay, le château de Tanlay fut achevé et embelli par le surintendant des finances Particelli d'Hémery, vers le milieu du xviie siècle (1643—1648). Cet opulent financier dépensa 4 millions pour ces travaux, dont il confia la direction à l'architecte le Muet. Louis Phelypeaux de la Vrillière, secrétaire d'État, ayant épousé l'héritière du surintendant d'Hémery, obtint en 1671 l'érection de la seigneurie de Tanlay en marquisat. En 1704 le petit-fils de la Vrillière la vendit à Jean Thévenin, gouverneur de Saint-Denis, et l'année suivante Tanlay fut de nouveau érigé en marquisat en faveur du nouveau propriétaire et de ses descendants. Les marquis de Tanlay, issus de Jean Thévenin, possèdent encore aujourd'hui cette terre, et se sont appliqués à conserver au château son caractère architectural et, autant que possible, ses distributions intérieures. C'est une des anciennes demeures seigneuriales les plus complètes et les plus remarquables de la BOURGOGNE, comme on en peut juger par les dessins que nous en donnons.

Le chef actuel de cette famille, M. le marquis de Tanlay, habite ce château une partie de l'année. C'est un des plus dignes représentants de cette ancienne noblesse qui sait allier à la plus exquise urbanité un goût éclairé pour les arts et pour les admirables monuments de notre vieille France. Avant de pénétrer dans cette résidence presque princière on passe sous le petit château, bâti par Jacques Chabot, comte de Charny; c'est un charmant spécimen de l'art du XVIe siècle. Ce gracieux portique introduit dans la cour d'honneur, fermée de trois côtés par une suite d'arcades séparées par des pilastres. En face se développent le péristyle, les bâtiments et les tours du grand château, où se reconnoissent à la première vue les constructions dues à Coligny d'Andelot et celles qu'y fit ajouter d'Hémery un siècle plus tard. L'intérieur du château de Tanlay répond à la magnificence de ses dehors. Nous signalerons d'abord le cabinet de l'amiral de Coligny situé au premier étage de la tour dite de la Ligue, et dont les murs peints à fresque offrent la reproduction de tous les attributs des dignités de l'amiral; les fresques très-remarquables qui ornent une autre salle de la même tour représentent les personnages célèbres de la cour de Catherine de Médicis et du roi de Navarre sous les traits des dieux et des déesses de l'Olympe. La grande galerie, longue de soixante-cinq pieds et large de dix-sept, qui occupe la partie centrale du premier étage du château est l'œuvre collective d'artistes que d'Hémery appela d'Italie; les peintures mythologiques et les boiseries sculptées qui la décorent sont d'une très-belle exécution et parfaitement conservées. Nous citerons encore de magnifiques cheminées du XVIe siècle dans la tour de la Ligue, la chapelle placée à l'extrémité de l'aile droite des bâtiments, le portail sculpté, donnant entrée aux vastes communs construits par l'architecte le Muet, enfin le château d'eau du grand parc, qui rappelle les merveilles hydrauliques de Chantilly et de Versailles.

Le château d'Époisses, aux comtes de Guitaud, remonte à l'époque féodale, et occupe, dit-on, l'emplacement d'une maison de plaisance de la reine Brunehaut. Henri IV y logea avant le combat de Fontaine-Françoise; au siècle suivant, le grand Condé et madame de Sévigné y firent de longs séjours. Ces glorieux souvenirs sont gardés religieusement dans cette belle habitation, qui n'a presque rien perdu de son aspect primitif. Le château de Bussy-le-Grand, patrimoine du fameux Roger de Bussy Rabutin, et le manoir de Villeferry, flanqué de quatre tourelles, méritent aussi l'attention des archéologues.

L'antique forteresse de Monfort couvre de ses débris une haute colline qui domine le chemin de Semur à Montbard. On distingue au milieu de ses murailles écroulées la belle salle d'Armes et la salle de la Monnoie, dont la voûte repose sur un seul pilier, auquel aboutissent des arceaux pleins de hardiesse et de légèreté. A droite de l'entrée se trouve une jolie chapelle à campanile, malheureusement dégradée. Une des tours du château, la tour d'Amélie, rappelle un tragique événement. C'est du haut de ce donjon que se précipita la princesse Amélie d'Orange, baronne de Montfort, fille de Guillaume-le-Taciturne, en apprenant la mort de son père, assassiné par Balthazar Gérard en 1584. Depuis cette époque, le château a ses revenants, ses bruits d'armes et de chaînes, et les paysans des environs assurent que la forêt voisine est hantée par une biche blanche qu'ils appellent *la Baronne.* Du pied des ruines de Montfort, on jouit d'une vue magnifique, à l'est sur les coteaux de Montbard, de Villiers, de Montigny, et au midi sur les montagnes du Morvan et du Nivernois.

Située dans une contrée montueuse, près de la rive gauche de l'Arroux, la ville d'Arnay-le-Duc étoit autrefois le siége d'un bailliage particulier dépendant de l'Auxois. Elle paroît avoir une origine peu ancienne, puisqu'il n'en est fait mention dans les documents historiques que depuis la fin du XIe siècle. Le duc Eudes IV accorda aux habitants d'Arnay une charte d'affranchissement en 1233. Nous n'avons guère à signaler dans les annales de cette petite ville que le combat qui s'y livra, le 27 juin 1570, entre l'armée de Coligny et les troupes catholiques commandées par le maréchal de Cossé-Brissac; c'est là que le jeune Henri de Navarre, alors âgé de quinze ans, fit ses premières armes. Le château, souvent pris et repris, fut démoli par les ligueurs comme l'asile des huguenots. Arnay-le-Duc avoit deux églises : Saint-Jacques, prieuré de l'ordre de Saint-Benoît, et Saint-Laurent, église paroissiale. La première n'existe plus; la seconde, restaurée en 1752, a conservé quelques parties anciennes, notamment le chœur et la chapelle Saint-Joseph, où l'on remarque de beaux vitraux.

Les bourgs de Pouilly en Auxois et de Châteauneuf, voisins d'Arnay-le-Duc, ont joué un rôle assez important dans l'histoire de Bourgogne au moyen âge. C'étoient autrefois de petites places fortes, dont les habitants jouissoient du droit de franchise. Ces deux bourgs n'ont aucun monument qui mérite d'être signalé. Deux abbayes de l'ancien bailliage d'Arnay, celle de la Bussière, de l'ordre de Cîteaux, fondée par Garnier de Sombernon en 1131, et celle de Prâlon (*Pratum longum*), de l'ordre de Saint-Benoît, n'ont laissé que de pieux souvenirs.

La ville de Saulieu, appelée *Sidolocum* dans l'*Itinéraire d'Antonin*, et *Sedelaucum* par Ammien Marcellin, est une des plus anciennes cités de la Bourgogne. Les restes d'un édifice antique, des médailles et une statuette d'Apollon en bronze, ont été trouvés près de ses murs, au bois de la Croix. Saint Andoche, apôtre des Éduens, fut martyrisé à Chaulieu avec ses disciples Thyrse et Félix, non pas sous Marc-Aurèle, comme le dit la légende, mais plus probablement vers le milieu du IIIe siècle. Au-dessus de la crypte, où les ossements du saint martyr avoient été déposés, on éleva, sous Constantin, un oratoire que visitèrent successivement la reine Clotilde, saint Germain d'Auxerre et le roi Gontran. Cet oratoire devint un monastère qui fut détruit en 732 par les Sarrasins, et vit ses possessions passer entre les mains des officiers de Charles-Martel. Charlemagne rebâtit et dota richement cette abbaye, et les religieux le considéroient comme le véritable fondateur de leur monastère. Le pape Calixte II présida, en 1119, à la translation des reliques de saint Andoche, de la crypte où elles étoient déposées, dans l'église supérieure. Sécularisé peu après, le monastère de Saint-Andoche fut converti en collégiale vers 1130, et sa mense abbatiale unie à l'évêché d'Autun. Guy, un des évêques de ce diocèse, affranchit Saulieu en 1225. C'étoit, au moyen âge, une ville commerçante, et ses foires attiroient un grand concours de marchands. Henri IV y établit des consuls en 1609; sous Louis XIV, en 1694, Saulieu devint le siége d'un bailliage dépendant de l'Auxois. L'ancienne église collégiale de Saint-Andoche seroit un monument d'un haut intérêt, si elle n'avoit subi des transformations qui l'ont défigurée. Son clocher en plomb imite la forme de la couronne impériale de Charlemagne. Il a été rebâti en 1760 en remplacement d'un autre de même forme et plus élevé, que le temps avoit détruit. Les colonnes torses du portail et plusieurs chapiteaux sont d'une rare élégance; mais ce qui frappe le plus dans cet édifice, ce sont des pilastres cannelés, tout semblables à des pilastres antiques, et surmontés de chapiteaux historiés. Ces pilastres cannelés se reproduisent souvent dans les édifices romans du midi de la France, et nous aurons à les signaler même au portail d'Avallon, dans la cathédrale d'Autun, à Paray-le-Monial, à Châlon et à Beaune. Dans les limites de l'ancien bailliage de Saulieu, nous ne devons pas omettre de signaler quelques églises rurales assez remarquables, notamment celles de Bar-le-Régulier, de Til-en-Auxois, de Nan-sous-Til ou Nansouty, de la Roche-en-Breny et l'ancien prieuré de Val-Croissant, ainsi que les débris des châteaux forts de Mont-Saint-Jean et de Charny. C'est dans un village des environs, à Saint-Léger de Foucheret, que naquit, en 1633, l'illustre Vauban. Cette contrée montagneuse et pittoresque faisoit partie du Morvan, dont nous aurons à parler quand nous donnerons la description du Nivernois.

Avallon, ville d'origine celtique, *Aballo* dans l'*Itinéraire d'Antonin*, étoit, dès le VIe siècle, le chef-lieu d'un canton appelé *pagus Avallensis*, qui, au temps de Gontran, faisoit partie du royaume de BOURGOGNE, et avoit des comtes particuliers. Saint Germain, évêque de Paris, y fut élevé dans une école publique, sous le prêtre Scopilion, son parent. Au commencement du XIe siècle, le roi Robert vint mettre le siége devant Avallon, et ce fut seulement après trois mois d'assauts infructueux que la ville fut forcée de se rendre par famine (1005). Selon certains chroniqueurs suivis par Paul Jove, on devroit attribuer la reddition d'Avallon à un miracle semblable à celui qui fit tomber les murs de Jéricho. « Et disent quelques-uns, qu'ainsi que le roi estoit en son pavillon chantant une hymne à Dieu en grande dévotion, la plus grande partie des murailles tombèrent par terre; ainsi prit-il la ville et le chasteau d'Avallon (1). » Les premiers ducs de BOURGOGNE issus de Robert relevèrent les remparts de cette petite cité et les fortifièrent. Eudes III accorda aux habitants le droit de commune (1200). Pendant les guerres des Armagnacs et des Bourguignons, la ville fut livrée au pillage par les soldats de Philippe-le-Bon en 1433. Au temps de la Ligue, pour laquelle elle avoit pris parti, le maréchal d'Aumont chercha à s'en emparer le 28 septembre 1592. Au moyen de ses intelligences avec deux magistrats fidèles à Henri IV, il réussit à faire sauter la porte et le pont-levis et s'avança dans la principale rue à la tête de ses troupes; mais il fut repoussé et contraint de battre en retraite. Les ligueurs, avertis par cet événement, voulurent jeter du secours dans la place. Le vicomte de Tavannes parvint à s'y introduire; mais à peine fut-il entré que les soldats se livrèrent à tous les excès dans cette ville qui les avoit reçus comme des amis et des défenseurs. Fatigués des déprédations de cette bande, les Avallonnois entamèrent des négociations avec les royalistes, et Edme de Rochefort prit possession de la ville, au nom de Henri IV, le 27 mai 1594.

L'église paroissiale de Saint-Lazare d'Avallon, autrefois collégiale, est un monument remarquable, dont l'origine remonte à une époque fort ancienne. Fondée dès l'an 746 par un comte Gérard, ou, selon d'autres, sous Charles-le-Chauve, par le fameux Gérard de Roussillon, qui avoit bâti l'abbaye de Pothières, et auquel on attribue aussi la fondation de celle de Vézelay, la collégiale d'Avallon étoit placée dans les premiers temps sous le vocable de Notre-Dame. On y ajouta celui de saint Lazare vers l'an 1000, à cause d'une relique de ce saint que lui donna le duc

(1) A. Duchesne, *les Antiquitez des villes de France*, 1647, page 938.

Henri. C'est à la même époque, selon D. Plancher, qu'on reconstruisit entièrement l'église sur un plan plus étendu. Cependant l'édifice actuel paroît n'avoir été commencé qu'au XIIe siècle. Sa belle façade, qui est la partie la plus ancienne, nous offre, dans ses deux portes, un des plus élégants spécimens du style roman. Leurs archivoltes, au nombre de cinq ou six, sont décorées de moulures composées de palmettes, de rinceaux et de feuillages fouillés avec une extrême délicatesse. Des colonnes engagées sur les parties latérales plusieurs sont ondulées, d'autres torses, d'autres cannelées, d'autres enfin couvertes d'ornements imbriqués. Un zodiaque est sculpté autour du tympan du portail de droite, avec les sujets allégoriques représentant les travaux champêtres, qui accompagnent ordinairement les zodiaques dans les édifices du moyen âge. Le portail situé à gauche est plus élevé que le précédent et occupoit, dans l'origine, le centre de la façade. Il y avoit certainement une troisième porte; mais elle aura été détruite lorsqu'on bâtit, au XVe siècle, la tour de style ogival qui accompagne la façade. Par la gravure que D. Plancher a donnée de cette partie du monument(1), nous voyons que le portail central et celui de droite étoient alors décorés de statues et de bas-reliefs dont il ne reste plus de vestiges.

La ville d'Avallon avoit jadis, outre sa collégiale de Saint-Lazare, trois paroisses : Saint-Pierre, Saint-Julien, qui ont disparu, et Saint-Martin, depuis longtemps abandonnée. Cette dernière église, ancien prieuré, offre de l'intérêt, malgré son état de dégradation. Elle est en forme de croix grecque; quelques parties sont romanes, mais les voûtes et plusieurs des fenêtres sont ogivales. On voit dans le chœur quatre colonnes de marbre cipolin que les historiens du pays, et après eux M. Mérimée, considèrent comme antiques.

A deux lieues d'Avallon, près du village de Girolles, où passoit la voie romaine d'Autun à Auxerre, on a trouvé, il y a quelques années, sur une colline appelée *Mont Marte* (*Mons Martis*), les substructions d'un temple présentant une galerie ou péristyle carré autour d'une

(1) *Histoire de Bourgogne*, tome Ier, page 515.

cour de même forme, où probablement s'élevoient la statue et l'autel du dieu. Des fouilles pratiquées dans ce sol ont amené la découverte de cent quatre médailles d'argent ou de bronze depuis Trajan jusqu'à Valentinien Ier, et de douze statues mutilées, la plupart en marbre (1). D'autres vestiges de constructions romaines ont été reconnus sur les bords de l'Yonne, près de l'embouchure de la Cure, à Vaux de Lugny, et dans les bois situés autour du beau château de Chastellux, qui a été le berceau et est encore aujourd'hui la résidence de l'illustre famille de ce nom, une des plus anciennes de la noblesse de BOURGOGNE.

Ce vaste manoir, assemblage un peu confus de bâtiments irréguliers reliant entre elles des tours de hauteur inégale et de formes diverses, offre dans son ensemble un caractère frappant de grandeur austère. Une pierre incrustée dans le mur de la salle des Gardes indique l'année 1240 comme la date de la construction du château. La tour Saint-Jean, isolée du reste de l'édifice, paraît remonter à une époque encore plus reculée. On croit qu'elle fut élevée vers la fin du XIe siècle.

Le village de Quarré-les-Tombes, sur les confins du Nivernois, doit son surnom à une grande quantité de tombeaux vides et de pierres sépulcrales sans inscriptions qui, du Ve au XIe siècle, s'y trouvoient en dépôt pour servir aux sépultures dans les villes et abbayes voisines. Il en existoit encore plus de deux cents en 1773; elles sont aujourd'hui en petit nombre. Ces tombes, en forme d'auge, sont faites en pierre tirée des carrières du pays. Il est question dans le roman de Gérard de Roussillon des tombeaux vides de Quarré, où l'on devoit mettre les soldats tués à la bataille de Pierre-Pertuis. Ces dépôts de tombes toutes préparées n'étoient pas rares; on en trouvoit à Civeaux en Poitou, à Gron en Berry, à Sergueux (*Sarcophagi*) en Lorraine, à Nogent-sous-Coucy, en Picardie, à Saint-Pierre-l'Étrier, près d'Autun, et probablement à l'abbaye de Jumiéges en Normandie, puisque la chronique de ce monastère raconte que l'abbé Achard, en 680, fit inhumer dans des sarcophages de pierre quatre cent quarante-deux moines morts dans l'espace de trois jours.

(1) Voy. *Note d'un voyage dans le midi de la France*, par P. Mérimée, in-8°, page 51.

On sait que Théodoric, roi des Goths, récompensa un nommé Daniel pour avoir entretenu de tombeaux de marbre le « magasin » de Ravenne.

Montréal (*mons Regalis*), bourg situé à deux lieues d'Avallon, sur la rive gauche du Serain, étoit autrefois défendu par un château fort, où séjourna, dit-on, la reine Brunehaut. Dévasté pendant les guerres des Normands, ce château fut rebâti au XIIe siècle par Ansèric Ier de Montréal, tige d'une famille puissante qui tint longtemps un rang distingué parmi les hauts barons de BOURGOGNE. En 1348 le duc Eudes IV conclut à Montréal un traité avec Amédée, comte de Savoie. Les États de BOURGOGNE, auxquels assista François Ier, y furent réunis en 1541. L'église, dédiée à Notre-Dame, a été fondée en 1068 par les sires de Montréal. Sa façade est curieuse et très-complète; elle est percée de deux portes à voussures profondes, dont la décoration se compose d'une série d'arcs de cercle. Les portes latérales sont ornées de quatre colonnes à chapiteaux byzantins, entre lesquelles sont disposés des fleurons d'un dessin élégant. Le bas-relief qui remplissoit le tympan a été détruit à la révolution.

Château de [illegible], en Bourgogne

363

L'Auxerrois.

Auxerre (*Autissiodorum*), ville d'origine celtique, dépendoit du territoire des Sénonois au temps de la conquête romaine. Élevée au rang de cité vers le IIIe siècle, elle est mentionnée sous ce titre dans la Notice de l'empire. Dès lors elle devint la capitale d'un pays (*pagus*) formé d'une fraction du Sénonois et d'une petite partie du territoire des Carnutes, connue sous le nom de *Puisaye*. Ce pays fut gouverné, depuis le VIe siècle, par des comtes qui devinrent, dans la suite, héréditaires, et dont on peut lire l'histoire détaillée dans les *Mémoires sur Auxerre* de l'abbé Lebeuf. Jean de Châlon, le dernier de ces comtes, vendit au roi Charles V, en 1370, le comté d'Auxerre, qui, sous Charles VII, fut cédé au duc de Bourgogne par le traité d'Arras en 1435. Quant à la capitale de l'Auxerrois, son heureuse situation aux bords de l'Yonne et la fécondité de son territoire en avoient fait, dès l'époque romaine, une cité importante. Lorsque saint Pélerin, *Peregrinus*, envoyé par le pape Sixte II, vers le milieu du IIIe siècle, eut apporté aux habitants d'Auxerre les lumières de la foi chrétienne, cette ville fut

32

déclarée épiscopale. Le césar Julien s'y arrêta quelque temps, en 356, pour faire reposer les légions qu'il conduisoit au secours de Reims, assiégée par les barbares. Le célèbre saint Germain, sixième évêque d'Auxerre, s'appliqua à embellir cette cité, y construisit plusieurs églises et entreprit le voyage d'Arles pour obtenir du préfet des Gaules la diminution des impôts qui pesoient sur les habitants. Peu d'années après, les faubourgs d'Auxerre furent saccagés par les hordes d'Attila. Charlemagne, à son retour d'Espagne, se trouvoit à Auxerre lorsqu'il apprit la révolte des Saxons. Charles-le-Chauve y résida souvent, et ce fut là que sa fille Judith épousa Baudouin Bras-de-Fer, premier comte de Flandre. Robert-le-Fort, qui à tous ses titres joignoit celui de comte d'Auxerre, sauva cette ville des ravages des Normands; mais à sa mort ces barbares la pillèrent et la brûlèrent en partie (880). Le roi Raoul aimoit à y résider; il en répara les ruines, et y mourut en 936. De nouveaux incendies la détruisirent presque entièrement en 1035, 1075 et 1187. Mais ces désastres étoient réparés au commencement du XIIIe siècle. Les franchises que les comtes Guillaume IV et Pierre de Courtenay avoient accordées aux habitants d'Auxerre furent augmentées par la comtesse Mathilde de Nevers, en 1223. Le lieu où se tenoit le change fut déclaré privilégié, et le quartier des marchands de draps affranchi. La ville, alors très-commerçante, étoit gouvernée par douze jurés. L'enceinte de la place, agrandie par le comte Guillaume IV, avoit été fortifiée de nouveau. Les Anglois la prirent d'assaut le 10 mars 1359, mirent les maisons au pillage, et en emportèrent pour plus de 600,000 moutons d'or (4 millions) d'argent ou d'objets précieux. Les Auxerrois leur payèrent, en outre, une forte rançon pour obtenir la vie sauve. En 1567, les calvinistes s'emparèrent d'Auxerre, égorgèrent les prêtres, dévastèrent les églises et les monastères, détruisirent les statues, les autels, les châsses, et jetèrent dans la boue les reliques des saints. L'édit de pacification du 23 mars 1568 ayant remis la ville sous l'obéissance du roi, les habitants se livrèrent à de cruelles représailles; ils fouillèrent les maisons des huguenots, et massacrèrent cent cinquante de ces malheureux. Les Auxerrois, zélés catholiques, embrassèrent avec ardeur le parti de la Ligue, et leur cité fut une des dernières de la BOURGOGNE qui se rendirent à Henri IV. L'évêché d'Auxerre a donné à l'Église de France plusieurs saints depuis le IIIe jusqu'au Xe siècle, comme saint Pélerin, saint Amator, saint Germain, saint Aunaire ou Anachaire, saint Didier, saint Pallade, saint Tétricus, saint Géran, et dans les siècles suivants une foule de prélats illustres, parmi lesquels nous nous bornerons à nommer le cardinal de Lenoncourt, le docte Amyot, traducteur de Plutarque, et Nicolas Colbert, frère du grand ministre. Cet évêché a été supprimé en 1790.

Le plus important et le plus remarquable des monuments d'Auxerre est son ancienne cathédrale, dédiée à saint Étienne. L'origine de cette église remonte aux premiers temps du christianisme. Au IIIe siècle, saint Pélerin, l'apôtre de l'Auxerrois, bâtit d'abord un petit oratoire près de la porte des Bains et à côté de la fontaine où il baptisoit les néophytes. L'affluence des fidèles ayant rendu bientôt cette chapelle insuffisante, l'évêque saint Amator ou Amâtre fit élever dans l'enceinte de la cité un édifice plus vaste, qu'il consacra sous le vocable de saint Étienne, vers l'an 415. Cette basilique, agrandie en 610 par saint Didier, qui l'orna d'ouvrages en mosaïque, fut plusieurs fois restaurée ou réédifiée par ses successeurs depuis le IXe jusqu'au XIe siècle. En 1030 elle fut encore ruinée par un incendie. L'évêque Hugues de Châlon la fit reconstruire presque immédiatement, et c'est de cette époque (1035) que date la crypte qui subsiste aujourd'hui. Moins de deux siècles plus tard, l'église supérieure, élevée par Hugues de Châlon, et consacrée en 1119 par le pape Calixte II, menaçoit ruine de toutes parts; l'évêque Guillaume de Seignelay la fit démolir et posa, en 1215, la première pierre de la cathédrale actuelle. On commença à bâtir l'extrémité orientale de l'édifice, qui s'éleva sur l'ancienne église souterraine construite par Hugues de Châlon. Les travaux étoient déjà fort avancés, lorsque, en 1220, Guillaume de Seignelay fut transféré du siége d'Auxerre à celui de Paris. Henri de Villeneuve, son successeur, termina l'abside en 1221, et obtint du pape une bulle qui, pour stimuler les dons des fidèles, accordoit des indulgences spéciales à ceux qui contribueroient à l'achèvement de cette église. Les constructions, poursuivies d'abord avec activité, puis interrompues par suite de l'occupation angloise, furent reprises vers 1470 et complétées seulement en 1550. On retrouve, en effet, dans la belle église de Saint-Étienne d'Auxerre tous les styles d'architecture qui ont été en honneur depuis le XIIIe jusqu'au XVe siècle.

L'édifice a trois cents pieds de long sur cent vingt de large au transsept et quarante-cinq dans les nefs; les voûtes mesurent cent pieds d'élévation sous clef. La façade seroit une des plus belles du moyen âge si elle eût été achevée. Elle est divisée en trois parties par des contre-forts.

Le porche central est surmonté d'un fronton aigu délicatement sculpté et percé à jour par une rosace en pierre. En arrière de ce fronton brille la rose aux mille découpures et aux mille couleurs qui éclaire la grande nef. Ce portail du centre est embelli de tout ce que l'art chrétien présente de plus riche en ornements. Il présente trois divisions horizontales; plus de deux cents figures, distribuées en six rangs de groupes formant soixante-six sujets, remplissent ses profondes voussures, dont l'ouverture est ornée d'une dentelle délicate en pierre. Les personnages de gauche appartiennent à l'Ancien Testament, et ceux de droite au Nouveau. Toutes ces statuettes ont un pied de hauteur. Les parois latérales représentent la scène du don des langues, l'histoire de Joseph et celle de l'Enfant prodigue. Sur les pieds-droits de la porte sont les vierges sages et les vierges folles. Le tympan montre Jésus-Christ entouré d'anges en adoration et appuyant ses pieds sur le globe du monde; au-dessous est figurée la Résurrection; on y remarque la séparation des bons et des méchants, l'enfer, et les justes conduits au ciel par des anges.

A droite et à gauche du portail central s'élèvent les deux tours, dans lesquelles s'ouvrent les deux porches latéraux. La tour du nord, la seule complète, est divisée en quatre étages, et n'a guère moins de deux cent dix pieds de hauteur. Elle a été terminée en 1543. Sa masse imposante est enrichie de niches, de colonnettes, de clochetons, d'ornements foliacés, d'arcades simulées. Les statues de saints qui remplissoient les niches ont été détruites à la révolution. La tour du Midi n'a pas été achevée, et ne monte que jusqu'à la hauteur du second étage. Le porche de gauche offre sur ses parois latérales des statuettes de haut-relief encadrées dans treize panneaux, et qui ont pour sujets diverses scènes de la création et de l'histoire du premier homme. La voussure est ornée de trois rangs de figures représentant des épisodes de la vie de la sainte Vierge. Au tympan du porche de droite sont figurés la Visitation, la Nativité, la Circoncision, le Baptême de Jésus, la Dispute entre les docteurs, et la Madeleine. Le bas-relief supérieur montre Jésus dans le ciel. La voussure est peuplée de gracieuses statuettes relatives à l'Ancien et au Nouveau Testament.

A l'intérieur, Saint-Étienne d'Auxerre a la forme d'une croix latine. Sa crypte, du XIe siècle, forme une église souterraine d'une belle et sévère structure, qui a son abside, son chœur, ses bas côtés et ses arceaux en plein cintre. On voit encore sur quelques parties des murs de cette crypte, et en particulier sur ceux de l'abside, des vestiges de peintures à fresque qui sont loin d'être dépourvues de mérite et d'intérêt. Dans l'église supérieure, le rond-point, une partie du chœur et ses bas côtés sont du XIIIe siècle. Des colonnes couronnées par des chapiteaux à deux rangs de crochets, des arcades en lancettes, des moulures cylindriques, caractérisent cette partie de l'édifice, d'un goût élégant et pur. La nef appartient à la fin du XIVe et au commencement du XVe siècle, à l'exception des premières travées vers le portail, qui paroissent plus anciennes. Un *triforium* ou galerie est ménagé au-dessus des bas côtés, et fait le tour de l'édifice. Toutes les voûtes sont bâties en briques, tandis que les nervures sont en pierre.

Les vitraux sont nombreux dans cette basilique, et la plupart d'une beauté remarquable. Ceux du rond-point et des bas côtés datent du XIIIe siècle. Dans la grande verrière du bas de l'abside on voit un Agnus Dei avec un étendard; c'est le contre-scel de l'évêque Henri de Villeneuve, mort en 1234. Dans la chapelle de la Vierge, un vitrail d'un excellent style et plein de charmants détails représente l'histoire de la Vierge, celle de Job et celle des Machabées. Les vitraux du chœur et de la nef ne sont que de la fin du XIVe siècle; c'est l'évêque Amyot qui les a fait réparer en grande partie. Ceux de la rose méridionale du transsept ont beaucoup souffert d'une restauration maladroite, qui les a replacés, pour la plupart, à contre-sens. La rose du Nord est belle et mieux conservée; mais rien n'égale l'effet de la grande rose du fond de la nef : elle représente la Divinité dans toute sa gloire, entourée d'anges, de chérubins et de bienheureux.

A gauche du maître-autel on voit le tombeau en marbre blanc du célèbre Jacques Amyot. A droite est un autre monument élevé, en 1713, à la mémoire de l'évêque Nicolas Colbert, et dans la chapelle de la Vierge le mausolée du maréchal et de l'amiral de Chastellux. Ces deux guerriers, revêtus de leurs cottes d'armes, sont couchés sur un sarcophage dont le bas-relief représente la bataille de Cravant. On remarquoit autrefois dans cette cathédrale une statue colossale de saint Christophe, haute de vingt-neuf pieds, c'est-à-dire plus grande encore que celle qui se trouvoit avant la révolution à Notre-Dame de Paris. Cette figure gigantesque avoit été exécutée en 1539. Le chapitre la fit détruire en 1768. Nous ne devons pas oublier de signaler parmi les chanoines qui ont le plus honoré le chapitre de la cathédrale d'Auxerre le savant abbé Lebeuf, une des gloires de l'érudition françoise.

L'église de Saint-Germain, la plus intéressante de la ville après celle de Saint-Étienne, dépendoit d'une abbaye dont la fondation remontoit aux premières années du VIe siècle. Le monastère de Saint-Germain d'Auxerre étoit le premier du diocèse, et un des plus célèbres de la France. Sur la colline appelée *mons Brenni*, au nord de l'ancienne cité d'Auxerre, s'élevoit, à l'époque romaine, la maison de campagne de Germain, gouverneur de la province, qui fut dans la suite un des plus grands saints de l'Église. Sacré évêque d'Auxerre, sa ville natale, en 418, Germain convertit sa maison de plaisance en un oratoire dédié à saint Maurice, et où il choisit sa sépulture en 448. Sainte Clotilde fit élever sur le tombeau du saint évêque une église qu'elle lui consacra, et qui fut l'origine de l'abbaye. Cette basilique, ornée depuis par la reine Ingonde, servit d'asile, en 576, à Mérovée, fils de Chilpéric. Conrad, comte du palais, oncle maternel de Charles-le-Chauve, agrandit l'église de Clotilde et y ajouta, en 859, les cryptes ou *saintes grottes* qui subsistent encore aujourd'hui. Le monastère de Saint-Germain étoit alors environné de puissantes fortifications. Ce fut là que Charles-le-Chauve vint se réfugier pendant ses guerres contre son frère Louis-le-Germanique; ce fut aussi dans l'école déjà célèbre de cette abbaye qu'il fit élever Lothaire, un de ses fils, sous la direction du moine Héric. Le monastère fut dévasté par les Normands en 889, et assiégé en vain par le roi Robert en 1003. Deux incendies ayant presque détruit l'église abbatiale, on entreprit sa reconstruction en 1277; elle fut continuée par les soins du pape Urbain V, qui avoit été abbé de Saint-Germain, et terminée en 1362. Le style architectural de cette église, quoique d'une grande simplicité et dépourvu de ces ornements qui caractérisent beaucoup de monuments de la même époque, ne manque ni de noblesse ni d'élégance. Les colonnes qui soutiennent les voûtes de la chapelle de la Vierge sont d'une légèreté remarquable. La nef a été détruite en 1810, à l'exception de la première travée. L'église, qui ne se compose plus que du transsept, du chœur, du sanctuaire et de la chapelle de la Vierge, est devenue l'oratoire de l'hôpital. Le portail principal a été refait entièrement en 1818; celui qui donne sur le cloître, du côté du nord, est ancien et digne d'intérêt. La belle tour romane et sa flèche ont été conservées et se trouvent isolées. Cette tour est du XIe siècle. Des bas-reliefs incrustés dans la façade du clocher proviennent de l'entablement extérieur d'un mur antique contigu à ce monument. L'église souterraine renferme les tombeaux de soixante saints, d'un grand nombre d'évêques et de martyrs des premiers siècles du christianisme. « Ce lieu, dit D. Martène, est peut-être le plus vénérable du royaume, et, après les catacombes de Rome, je ne sais si on peut en trouver un plus saint.» Un énorme tombeau placé au milieu de cette grande crypte est principalement en grande vénération. C'est celui de saint Germain; mais le corps de l'illustre évêque d'Auxerre n'y repose plus. Les huguenots le brûlèrent en 1567, et mirent en pièces la magnifique châsse d'or enrichie de pierreries dans laquelle Charles-le-Chauve l'avoit fait placer. A gauche de la porte d'entrée de cette crypte un escalier conduit à une seconde église souterraine, construite sous la première. On y voit les tombes en grès de trois comtes d'Auxerre : Landry, Renaud et Guillaume II.

L'église de l'ancienne abbaye de Saint-Pierre ou Saint-Père-en-Vallée, remonte au VIe siècle par l'époque de sa première fondation; mais l'édifice actuel a été entièrement reconstruit de 1566 à 1658. La belle tour carrée qui s'élève sur le flanc méridional de l'église date du XVIe siècle (1536). Elle est divisée en trois ordres, séparés par des galeries à jour. Celui du milieu présente sur chaque face quatre niches encadrées entre d'élégants panneaux, et surmontées de dais avec couronnements pyramidaux, dans lesquels figurent les statues des douze apôtres. Deux autres statues se voient encore de chaque côté du beffroi, à l'étage supérieur, revêtu aussi de pinacles en application et terminé par une plate-forme entourée d'une galerie à jour. L'étage inférieur n'avoit d'autre ornement qu'une statue de la Vierge, détruite par les protestants. L'église se compose d'une nef principale flanquée de deux autres qui se rejoignent derrière le chœur et sont elles-mêmes enceintes d'un rang de chapelles. On voit dans la grande nef, dans le chœur et dans les chapelles du fond, des verrières assez bien conservées. Le portail se compose de trois étages superposés, séparés par de riches entablements, que supportent des colonnes d'ordre ionique et corinthien. Chacun de ces étages est percé d'une ouverture de forme différente. De chaque côté de l'église s'élève un rang de contre-forts supportant les arcades de la grande nef. Un avant-portail donnant sur la rue sert d'entrée à la cour qui précède la façade de l'église. Deux colonnes accouplées de chaque côté d'une ouverture à plein cintre soutiennent un entablement au-dessus duquel est intercalée une plinthe délicatement sculptée. Sur le fronton on distingue à peine deux figures assises, fort dégradées, au-dessous desquelles sont inscrits ces noms, dont le rapprochement est singulier : *Cérès, Noé.*

L'église de Saint-Eusèbe dépendoit également d'une abbaye fondée sous le roi Dagobert Ier par saint Pallade, évêque d'Auxerre, qui y fut inhumé en 657. L'évêque Humbaud transforma ce monastère en prieuré vers 1090, et y introduisit des chanoines. Cette église appartient à plusieurs époques. La base du clocher est du XIe siècle. La nef, reconstruite, ou du moins réparée vers 1280, manque de légèreté et d'élégance. Sa voûte présente quelques vestiges de peinture et de dorure. Le sanctuaire, s'étant écroulé en 1523, fut rebâti en 1530. Les contre-forts qui règnent à l'extérieur ont été ajoutés plus tard, et ont formé au dedans les bas côtés et les chapelles. On remarque dans le chœur d'assez beaux vitraux.

Saint-Marien, abbaye fondée en 429, et où les religieux de Prémontré s'étoient établis au XIIe siècle, a été détruit en grande partie à la révolution. Son église a disparu, et ce qui reste des bâtiments du monastère est occupé par la bibliothèque publique de la ville.

Parmi les monuments intéressants d'Auxerre nous devons aussi mentionner l'horloge de la ville, placée au-dessus d'une porte ogivale qui étoit contiguë à l'ancien château, aujourd'hui détruit, des ducs de Bourgogne. Le double cadran de cette horloge est décoré d'arabesques, au-dessus desquelles on voit les armes de la ville. La sonnerie est disposée dans une tour de construction ancienne, nommée *la Tour gaillarde,* dont la flèche en charpente, incendiée en 1825, a été rétablie depuis avec beaucoup moins d'art. Il existe encore à Auxerre des restes de son ancienne enceinte, formant un polygone irrégulier d'environ cinq cent cinquante toises de développement. Onze tours, pleines jusqu'à la hauteur du parapet, sont placées dans les angles. Les murs reposent sur un soubassement de grosses pierres posées sans mortier, et sont revêtus d'un appareil de petites pierres carrées parfaitement ajustées. On a retiré du massif de ces murailles beaucoup de fragments de chapiteaux et d'inscriptions, de débris de tombeaux et de statues.

Aux environs d'Auxerre nous avons visité avec intérêt la petite ville de Saint-Bris, remarquable par son église, fondée, dit-on, par saint Germain dans le ve siècle, et qui appartint longtemps aux évêques ses successeurs. Cette église, dans son état actuel, offre un assemblage curieux de styles divers. Les bas côtés du chœur et le chevet datent de la Renaissance. Au-dessus des sept fenêtres géminées à arcs cintrés, percées dans l'abside, règne un bandeau de festons réunis entre eux par des masques et des vases à fleurs. La tour, qui sert de clocher, est du XIIIe siècle; elle n'a que la moitié de sa hauteur, soit qu'elle n'ait jamais été terminée, soit que la partie supérieure ait été détruite. Elle est flanquée d'une tourelle ornée de deux étages d'arcades simulées en ogives trilobées, dont les intervalles sont garnis de petits frontons à crochets. La porte de l'église est du XIe siècle; elle étoit autrefois rehaussée de nombreux bas-reliefs. La nef, qui présente un parallélogramme à collatéraux, est séparée des bas côtés par des colonnes à chapiteaux décorés de crochets. Autour du chœur rayonnent des chapelles dont les autels, les pilastres et les voûtes offrent une profusion de délicates sculptures. Des vitraux du XVIe siècle garnissent les hautes fenêtres placées derrière le chœur. Dans une des travées de cette partie de l'édifice nous avons remarqué, sur un pan de muraille, une grande peinture à fresque représentant l'arbre généalogique ou les ancêtres du Christ; elle porte la date de 1500. Le château de Saint-Bris, appuyé contre l'église, est une construction du XVIIe siècle.

A quatre lieues d'Auxerre et au confluent de l'Yonne et de la Cure, est la petite ville de Cravant, qui faisoit partie du domaine royal sous la dynastie mérovingienne. C'étoit, au XVe siècle, une place forte dont les Bourguignons s'emparèrent en 1423. Les troupes de Charles VII tentèrent de la reprendre la même année; mais elles furent défaites dans une bataille meurtrière, où J. Stuart, connétable d'Écosse, le comte de Ventadour, et le sire de Saintrailles, tombèrent au pouvoir de l'ennemi. La plupart des anciennes fortifications de Cravant subsistent encore. L'église paroissiale, placée sous l'invocation de saint Pierre, ne manque pas d'intérêt. La façade orientale et les premières travées de la nef appartiennent à la dernière période du style ogival; la porte, surmontée d'un œil-de-bœuf, est simple et sans ornement. Le clocher carré, à deux étages d'arcades, a été construit du temps de la Renaissance. Le chœur est de la même époque. Douze pilastres composites, unis les uns aux autres par des archivoltes cintrées, forment l'hémicycle du sanctuaire. Au-dessous des chapiteaux qui soutiennent la maîtresse voûte on voit des consoles sculptées avec finesse, qui portoient autrefois les statues des douze apôtres. Douze chapelles entourent le chœur; leurs voûtes sont divisées en caissons, tandis que les voûtes d'arêtes des collatéraux sont renforcées par d'épaisses nervures qui se croisent en divers sens.

Après avoir visité, près de Cravant, les célèbres grottes d'Arcy-sur-Cure, renommées par leurs stalactites, nous avons vu au village de Chitry-le-Fort une église, fortifiée d'une construction curieuse. Cet édifice se compose d'abord de l'église proprement dite, commencée au XIIIe siècle, et terminée au XVe, présentant une nef étroite et longue, sans ornement, et un clocher carré, percé de baies à ogives trilobées et à meneaux. Au XIVe siècle, les habitants de Chitry, sans défense contre les Anglois, résolurent de fortifier cette église. Ils la flanquèrent de quatre tours, et l'environnèrent d'un fossé profond. En avant de ce fossé ils élevèrent un nouveau mur, précédé lui-même d'un autre fossé de neuf pieds de large. Deux de ces tours étoient rondes, et faisoient corps avec le mur de la nef de chaque côté de l'église; elles sont aujourd'hui abaissées au-dessous du toit, et ne présentent de remarquable que des embrasures de canon pratiquées postérieurement à leur construction. La troisième tour, du côté droit de l'église, est carrée, et n'adhère pas à ses murailles. La quatrième est un énorme donjon circulaire qui couvre tout le chevet de l'église; il étoit percé de meurtrières et garni de mâchecoulis. On ne voit plus que les traces des étages supérieurs.

Près de Vermanton, petite ville qui n'a point de monuments de nature à fixer l'attention de l'archéologue, nous avons cherché en vain quelques restes de l'abbaye de Rigny, de l'ordre de Cîteaux, dont les cloîtres étoient admirés au commencement du siècle dernier par le

P. Martène (*Voyage littéraire*, I, 54). Il ne subsiste rien non plus du monastère des Bénédictines de Crisenon, qui reconnaissoit pour sa fondatrice Adélaïde, fille de Hugues Capet et femme de Renaud, comte de Nevers. Le dernier édifice religieux que nous ayons à signaler dans cette contrée est l'église du bourg de Mont-Saint-Sulpice, monument de l'époque romane, dont quelques parties peuvent remonter au xe siècle. Coulanges-la-Vineuse, Seignelay, Toucy, Mailly-le-Château, autrefois villes fortifiées, n'ont rien conservé de leurs remparts; mais à Saint-Sauveur-en-Puisaye, sur un des points les plus élevés de l'Auxerrois, nous avons remarqué une haute tour à demi écroulée, dont la construction appartient aux premiers temps du moyen âge. Ce donjon, couvert de lierre, entouré de coteaux fertiles et de vastes forêts, forme une des ruines les plus pittoresques des environs d'Auxerre.

Les restes de l'ancien château de Druyes-les-Belles-Fontaines, près de Courson, ont encore plus d'importance et d'intérêt. Sur le mamelon au pied duquel s'étend aujourd'hui le bourg de Druyes, il existoit une ville ancienne, mentionnée dans les chartes depuis le vie siècle, et dont l'enceinte, encore visible, suivoit les contours de la colline. Au sommet de cette hauteur, vers le nord, une autre ceinture de murailles circonscrit l'emplacement d'un vaste château qui appartenoit, au xiie siècle, à l'illustre famille de Courtenay. C'est là que fut signée, en 1188, la charte d'affranchissement des habitants d'Auxerre. Lorsque, après la mort de Henri de Hainaut, empereur de Constantinople (1216), les barons de cet empire décernèrent la couronne à Pierre de Courtenay, et envoyèrent des députés lui en porter la nouvelle, Pierre accueillit les ambassadeurs dans son château de Druyes, « où les dames désarmèrent les chevaliers, « les damoiselles les écuyers jeunes d'âge, » dit un chroniqueur du temps. « Là furent maintes joustes essayées, maintes chasses chaude-« ment poursuivies. » Ce château passa de la maison de Courtenay dans celles de Flandre et de Bourgogne. A la mort de Charles-le-Téméraire il devint la propriété des ducs de Clèves, et fut acheté en 1659 par le cardinal Mazarin, qui le légua à son neveu Mancini. Il étoit possédé au siècle dernier par les princes de Condé, qui le cédèrent en 1735 à la famille de Damas. L'enceinte du château de Druyes, encore intacte, est un vaste parallélogramme flanqué à chacun de ses angles d'une tour ronde. Chaque courtine, à l'exception de celle du midi, est divisée en deux parties par une tour carrée. La porte du château s'ouvre dans le pied de la tour centrale que couronne un grand beffroi. L'édifice est tout entier construit en petit appareil. Il étoit composé de deux étages. Neuf grandes arches à plein cintre, percées dans la courtine, et encore entières, permettent au regard de jouir d'une vue magnifique sur le paysage environnant. La grande salle, dont la disposition est indiquée par les brèches qu'a laissées la chute des murs de refend, n'avoit pas moins de cent pieds de longueur. L'époque où fut construit cet édifice est démontrée par le petit appareil des murs, le plein cintre des fenêtres et leurs colonnettes romanes; c'est le XIIe siècle au plus tard. Une chapelle adossée à la tour de l'est et privée aujourd'hui de son revêtement extérieur, est de style ogival, et appartient au XIIIe siècle. Le beffroi est du XVe.

Une demeure princière, parfaitement conservée, mérite d'être visitée dans l'Auxerrois : c'est le château de Saint-Fargeau, qui, après avoir appartenu aux évêques d'Auxerre, aux familles de Toucy, de Bar, de Montferrat, à Jacques Cœur, puis à Antoine de Chabannes et à François de Bourbon, duc de Montpensier, fut presque entièrement reconstruit par mademoiselle de Montpensier, fille de Gaston d'Orléans. Celle-ci le donna à Lauzun, qui le vendit, en 1714, au financier Antoine de Crozat; l'année suivante cette belle habitation fut acquise, pour le prix de 500,000 livres, par Jean-Jacques-Robert Lepeletier des Forts, qui prit depuis lors et transmit à ses descendants le surnom de Saint-Fargeau. Les diverses générations de cette famille parlementaire, notamment le président Lepeletier de Saint-Fargeau, son fils Michel Lepeletier, le célèbre conventionnel, madame de Mortefontaine et madame de Boisgelin, ont conservé intacte et amélioré successivement cette vaste demeure qui, par son étendue, la somptueuse décoration de ses salles et la beauté de ses jardins, ressemble à une maison royale. La première fondation du château de Saint-Fargeau est due à un frère de Hugues Capet, Héribert, évêque d'Auxerre en 990; mais il ne reste rien de cette époque primitive; les parties les plus anciennes de l'édifice actuel ne remontent pas au delà du xve siècle : c'est d'abord la plus grosse tour, qui porte le nom de Jacques-Cœur; puis, au premier étage, une porte en ogive délicatement sculptée, qu'on peut attribuer aussi au célèbre argentier de Charles VII. Sous Antoine et Jean de Chabannes ont été élevées les autres tours et tout ce qui dans les constructions rappelle encore le moyen âge. Le reste appartient, presque sans exception, à l'importante restauration ordonnée en 1654 par mademoiselle de Montpensier et exécutée par l'architecte Levau. Ce sont principalement les façades de la cour intérieure, les longues galeries et les appartements, élevés entre ces façades et les murs extérieurs. Un incendie survenu en 1752, et dont les désastres n'ont pu être totalement réparés, ne permet pas de juger aujourd'hui de la distribution intérieure de ces appartements où mademoiselle de Montpensier recevoit le grand Condé, mesdames de Sévigné, de Montglat et de Lavardin, tandis que mesdames de Fiesque et de Frontenac, ses dames d'honneur, le poëte Segrais, son secrétaire, le musicien Lulli, qu'elle pensionnoit, logeoient dans les autres bâtiments du château. Aux constructions élevées par mademoiselle de Montpensier, Michel-Robert Lepeletier des Forts ajouta au xviiie siècle un pavillon sans style, qui attriste et dépare les façades si nobles et si correctes du règne de Louis XIV. Il existe peu d'objets d'art remarquables au château de Saint-Fargeau; nous citerons cependant le tableau historique de David représentant la mort de Michel Lepeletier.

Sur les confins de l'Auxerrois, dans les limites de l'ancien comté de Tonnerre, s'élève une autre magnifique demeure seigneuriale, digne d'un grand intérêt au point de vue de l'art. Le château d'Ancy-le-Franc, commencé en 1555 sur les dessins du Primatice par les ordres d'Antoine de Clermont-Tonnerre, et continué sur les dessins de Serlio, ne fut achevé qu'en 1622. Le développement des quatre façades régulières du monument produit un effet imposant. Les ornements intérieurs, les peintures à fresque des galeries sont l'œuvre de Nicolo dell'Abbate, qui peignit sous François Ier la galerie de Fontainebleau. Cette magnifique résidence, visitée par Henri IV, Louis XIII et Louis XIV, passa de la maison de Clermont-Tonnerre dans celle de Souvré, qui la transmit par alliance à la famille Letellier de Louvois; elle a été habitée de nos jours par M. le marquis de Louvois, pair de France. Outre les charmantes fresques de Nicolo dell' Abbate, on y admire, dans le cabinet des Fleurs, un fort beau portrait en pied de Diane de Poitiers, et dans l'ancienne bibliothèque, où madame de Sévigné écrivit plusieurs de ses lettres, des peintures d'un grand mérite exécutées en 1596 par Meynassier; ces compositions représentent diverses scènes du *Pastor fido*.

Ces châteaux de Saint-Fargeau et d'Ancy-le-Franc, avec celui de Tanlay et le noble manoir de Chastellux, si admirablement restauré il y a quelques années par M. le comte de Chastellux, peuvent être considérés comme les quatre demeures historiques les plus belles et les plus intéressantes de cette partie de la BOURGOGNE.

Tombeau de Saint-Germain à Auxerre.
Crypte de l'ancienne Abbaye.

L'Autunois et le Charolois.

Capitale des Éduens, les plus puissants des peuples de la Celtique et les alliés des Romains, l'antique *Bibracte* (Autun) étoit, à l'époque de la conquête de J. César, la première ville de la Gaule. Nous avons vu ailleurs qu'elle étoit appelée la sœur et l'émule de Rome : *soror et æmula Romæ*. Le vergobret, magistrat suprême de la confédération éduenne, y exerçoit les pouvoirs les plus étendus; c'étoit un centre, où les arts, la religion et le commerce faisoient affluer toutes les populations gauloises. Après la prise d'Alesia et l'entière soumission des Gaules (52 avant J.-C.), César vint passer l'hiver à Bibracte chez Divitiacus, son ami, l'hôte de Quintus Cicéron, frère de l'orateur. Il traita les Éduens comme des alliés, et leur rendit les prisonniers qu'il avoit faits; aussi furent-ils les premiers à briguer l'honneur d'être sous le patronage du conquérant. Leur capitale prit le surnom de *Julia*, et les principaux citoyens celui de *Julius* (1). Cette faveur de César pour les habitants de

(1) *Autun archéologique*, par les secrétaires de la Société éduenne et de la Commission des antiquités d'Autun; Autun, 1848, in-8°, page 104.

Bibracte ne se concilie pas aisément avec la tradition suivant laquelle le dictateur, en quittant la Gaule, donna l'ordre à Fabius, l'un de ses lieutenants, d'incendier la capitale des Éduens. Lorsque, sous Auguste, la Gaule fut divisée en trois parties, la Belgique, l'Aquitaine et la Lyonnoise, le pays des Éduens se trouva compris dans cette dernière province. Bibracte n'y occupa plus que le second rang, et son nom, si célèbre, fut remplacé par celui d'*Augustodunum*, dont nous avons fait *Autun*. Les Éduens n'en conservèrent pas moins une partie de leur ancienne puissance avec les privilèges de peuples fédérés et le titre de frères du peuple romain. Auguste fit embellir leur antique capitale, et c'est à lui qu'il faudroit attribuer, suivant quelques archéologues, les parties les plus anciennes de l'enceinte qui subsiste encore aujourd'hui. Par les ordres de l'empereur, Augustodunum vit s'élever dans ses murs des écoles pour l'enseignement des lettres grecques et latines, de la législation et des sciences. Ces écoles devinrent fameuses sous le nom d'*écoles Méniennes*. On les appeloit ainsi, peut-être, parce qu'elles étoient renfermées dans l'enceinte des murailles de la cité (*mœnia*), tandis que les écoles des druides avoient été jusque-là établies dans les forêts. Sous le règne de Claude-le-Gothique, en 270, Autun, assiégé par Tétricus, qui s'étoit mis à la tête des Bagaudes, fut pris après un siége de sept mois, et saccagé par les barbares, qui la dépeuplèrent et renversèrent la plupart de ses édifices. Tétricus prit à Autun le titre d'empereur, et y fit frapper des médailles en souvenir de sa victoire. Pendant vingt-cinq ans cette malheureuse cité resta presque déserte et dans un état de dévastation dont les historiens du temps font le plus triste tableau. Constance Chlore s'efforça de réparer ce désastre. Il releva les édifices d'Autun, et ordonna de rétablir ses écoles publiques, dont il confia la direction au célèbre rhéteur Eumène, né dans cette ville. On a conservé le discours qu'Eumène prononça avant d'entrer en fonctions, en présence du gouverneur de la Gaule lyonnoise, en l'année 297. L'orateur, après avoir montré combien il est nécessaire de rendre à toute leur splendeur première les écoles d'Autun si renommées par les services qu'elles ont rendus aux lettres et aux sciences, fait voir qu'on ne peut exécuter ce projet, au moyen de contributions volontaires, sans ajouter aux charges publiques, et offre généreusement d'affecter à cette destination la moitié de ses appointements, qui s'élevoient à la somme considérable de 600,000 sesterces (environ 130,000 fr.) (1). Constantin embellit Autun de nouveaux monuments, diminua les impôts, et fit remise aux habitants de cinq années de tributs. En reconnoissance de ces bienfaits les Autunois donnèrent à leur cité le nom d'*Ædua Flavia,* et envoyèrent Eumène porter à l'empereur l'expression de leur gratitude. Dès le IIIe siècle, la foi chrétienne avoit été répandue chez les Éduens par saint Andoche et saint Symphorien, et sous Constantin Autun étoit devenu le siége d'un évêché, l'un des plus importants de la Gaule et le premier suffragant de l'archevêché de Lyon. Autun fut, en 350, le théâtre de la révolte militaire à laquelle Magnence dut son éphémère élévation à l'empire. Cinq ans plus tard (355), les Allemands firent le siége de cette ville et y échouèrent, grâce à la vigueur de la défense. En 414, les Burgondes s'en emparèrent, et Gondicaire, leur roi, y séjourna avant de fixer sa résidence à Vienne. Pendant ce siècle et le suivant, Autun eut une grande part dans les calamités du temps. Attila fit passer ses habitants au fil de l'épée et réduisit en cendres ses principaux édifices, malgré les supplications de Proculus, son évêque (451). Chilpéric et Gondomar en 470, Clotaire et Sigebert en 534, ajoutèrent à cette ruine de nouvelles dévastations. Lorsque la domination des Franks s'étendit sur la BOURGOGNE, le roi Gontran résida quelquefois à Autun. Ce fut dans l'église du monastère de Saint-Symphorien, sous les murs de cette ville, qu'il convoqua une assemblée de grands et d'évêques pour juger les chefs de son armée qui avoient échoué dans l'invasion de la Septimanie. La reine Brunehaut, dont nous avons rappelé ailleurs le règne et le supplice, aimoit et protégeoit l'ancienne capitale des Éduens. Elle y fonda les monastères de Saint-

(1) Voy. *Duodecim panegyrici veteres,* édit. de Schwartz, Venise, 1728, in-4°, et l'*Histoire littéraire de la France,* tome Ier; deuxième partie, page 44.

Jean-le-Grand, de Saint-Andoche et celui de Saint-Martin, où un tombeau lui fut érigé en 614. La ville d'Autun jouit à peine de quelques années de prospérité sous l'administration de l'illustre saint Léger (*Leodegarius*), son évêque, maire du palais sous Clotaire III et Childéric II. En 673, le roi Childéric, étant venu à Autun pour célébrer les fêtes de Pâques, voulut, dans la cathédrale, tuer de sa propre main le pieux évêque, le ministre habile à qui il devoit la couronne; mais, saisi de respect à la vue du saint prélat, il se contenta de l'exiler. Rendu à son diocèse par la mort de Childéric, saint Léger fut assiégé par Ébroïn dans sa ville épiscopale. Les habitants s'apprêtoient à se défendre lorsqu'il se sacrifia pour les sauver du meurtre et du pillage. On l'enferma dans un monastère, après lui avoir crevé les yeux. Le reste de l'histoire d'Autun n'offre guère qu'une suite de catastrophes. Brûlée par les Sarrasins en 732, par Rollon et ses Normands en 888, dévastée par les Anglois en 1359, cette ville, qui, au XVIe siècle, s'étoit jetée dans le parti de la ligue, fut encore bombardée par le maréchal d'Aumont pendant un siége de trente-quatre jours, « durant lequel les magistrats et mesmement mesdames leurs femmes firent tous leur devoir sur la brèche, à coups d'épée et belles arquebusades, auxquelles arquebusades le papier venant à faillir, un certain capitaine fit apporter sur le rempart les coffres des archives de la ville, et envoyèrent-ils ainsi tous leurs titres en rembourrures à l'ennemi. » Cette défense opiniâtre obligea le maréchal d'Aumont à lever le siége le 23 juin 1591. Ce fut seulement quatre ans plus tard que la place se rendit à Henri IV.

La ville d'Autun avoit eu, dès le Ve siècle, des comtes ou gouverneurs qui commandoient tout le pays éduen : *pagus, comitatus Æduensis.* Ces comtes, d'abord amovibles, devinrent dans la suite héréditaires. Parmi les plus illustres, nous devons citer saint Grégoire, depuis évêque de Langres, qui fut le bisaïeul de Grégoire de Tours; Adalhard, qui réunit à sa dignité de comte d'Autun celle d'abbé de Saint-Symphorien, et se distingua, sous Charles-le-Chauve, à la bataille de Fontenay (841); Boson, qui fut plus tard roi de la BASSE BOURGOGNE; son frère Richard-le-

Justicier, qui, après avoir été comte d'Autun, devint premier duc bénéficiaire de Bourgogne; Raoul, son fils, couronné roi de France en 923. Le dernier de ces comtes fut Gilbert, fils de Manassès de Vergy, mort en 956. Sa fille Leutgarde ayant épousé Othon, duc de Bourgogne, le comté d'Autun fut réuni au duché. C'est vers le XIIIe siècle que nous trouvons les premières traces de l'institution du vierg ou maire d'Autun. Le nom de *vierg* dérive, suivant Du Cange, de celui de *vergobret*, qui désignoit le premier magistrat des Éduens; selon d'autres écrivains, vierg seroit une forme altérée du nom *vigerius*, viguier, qualification de l'officier chargé, dans le midi de la France, de la police d'une ville ou d'un pays. Le vierg d'Autun avoit d'importants priviléges, entre autres, celui de présider à la revue des habitants en armes, qui se faisoit tous les ans le 1er septembre.

La splendeur de l'ancien Augustodunum est attestée encore par d'importants débris, tandis que l'Autun chrétien, l'*Ædua Christi civitas*, a vu s'écrouler ses cloîtres majestueux et la plupart de ses basiliques. C'est donc tout d'abord sur l'époque gallo-romaine que se reporte la pensée lorsqu'on entre dans cette ville d'une physionomie austère, grandeur déchue, digne de tant de sympathie et de respect par ses ruines et ses souvenirs.

Une ceinture de vieilles murailles enferme, avec la ville moderne, l'espace qu'occupa jadis la cité antique. Ces murs, déjà ruinés du temps d'Ammien Marcellin, et dont le circuit avoit plus d'une lieue et demie d'étendue, s'élevoient à une grande hauteur, à en juger par quelques portions qui subsistent, et n'ont pas moins de quarante-cinq pieds de haut sur vingt-quatre d'épaisseur. Leur parement extérieur se compose de très-petits cubes de grès taillés avec un grand soin. On voit encore quelques-unes des nombreuses tours dont ces murs étoient flanqués; mais rien ne prouve qu'elles aient jamais été au nombre de deux cents, comme le prétendent les vieux auteurs. La tour dite *des Ursules* et d'autres restes de constructions attestent des réparations faites au moyen âge. Au dedans de cette enceinte on en remarque une seconde beaucoup plus petite, que l'on attribue à François Ier. Cette seconde enceinte, qu'on peut appeler moderne, et qui rétrécit la ville de moitié, s'étend de l'est à l'ouest. Entre ces deux murailles, dans les jardins et dans les terrains cultivés, surtout du côté qu'on appelle encore maintenant *les Cités*, on ne peut remuer le sol sans rencontrer des amas de briques ou de pierres sculptées, des fragments de vases, des morceaux de marbre, et souvent des inscriptions et des médailles.

Eumène nous apprend que la ville d'Augustodunum renfermoit, outre ses écoles Méniennes, les plus célèbres de toute la Gaule, des temples nombreux et, à l'exemple de Rome, un Capitole. On n'est pas d'accord sur l'emplacement de ce dernier monument ni de ceux qui sont également détruits. La Société éduenne, dans un travail spécial sur ce sujet, croit pouvoir placer le Capitole au lieu où s'élève aujourd'hui l'hôpital de Saint-Gabriel, le temple d'Apollon à Saint-Andoche, et les écoles Méniennes entre ces deux édifices (1). D'après les recherches de la même Société, le collége actuel tiendroit la place du *palatium* romain, et près du champ des Orfèvres il y auroit eu un gynécée (2). Ce sont là de simples conjectures, puisqu'il s'agit d'édifices complétement disparus. Nous avons maintenant à donner la description de ceux que le temps a épargnés ou dont il reste des débris.

Le premier monument antique qu'on aperçoive en entrant à Autun est une ruine considérable, située dans la plaine qui s'étend sur la rive droite de l'Arroux. On appelle cette ruine le *Temple de Janus*, parce qu'un lieu voisin porte le nom de *Genetoie* ou *Janitoie*, qu'on fait dériver, avec plus ou moins de vraisemblance, de *Jani tectum*, la demeure de Janus. L'édifice, de forme quadrangulaire, paroît, en effet, avoir été un temple, dont il ne reste que des pans de murailles hautes de soixante-douze pieds, et n'ayant pas moins de huit pieds d'épaisseur. Deux des côtés seuls forment corps. L'un est percé d'une arcade élevée, ayant à droite et à gauche une niche destinée à recevoir des statues. Au-dessus sont trois ouvertures en abat-jour pour porter la lumière du haut en bas.

(1) *Autun archéologique*, page 92. — (2) *Ibid.*

L'autre pan de mur présente au milieu une grande niche, et de chaque côté une arcade. L'archivolte qui entoure le haut des fenêtres et des niches ressemble, comme l'a remarqué M. Mérimée, aux archivoltes trilobées, si fréquentes dans les monuments des XIIe et XIIIe siècles (1). Les murailles sont partout revêtues d'un parement de petites pierres disposées par assises parallèles et parfaitement taillées. On ne remarque aucun vestige d'ornements ni au dedans ni au dehors. Des fouilles récentes ont fait reconnoître les substructions de quatre enceintes carrées séparées par des mosaïques; c'est probablement à ces salles plus ornées qu'appartenoient les débris de marbres et de sculptures qu'on a trouvés épars. On a recueilli aussi un couteau de sacrificateur. A côté du temple il y a un puits. Autant qu'on peut en juger par ce qui reste de l'édifice, sa construction paroît dater du Bas-Empire.

Deux autres temples existoient sur la rive droite de l'Arroux, hors des murs de la ville. Le premier, consacré, dit-on, à Proserpine, étoit de forme ronde; il est détruit depuis longtemps; son emplacement est marqué par un monceau de décombres au-dessous du pont de Saint-Andoche. L'autre temple, également rond, et d'un circuit d'environ cinquante pas, étoit dédié, suivant la tradition locale, à Dis ou Pluton; il s'élevoit près du pont de l'Arroux, sur un tertre auquel conduisoit un escalier. Ce tertre a été vendu et aplani en 1823. Un plan d'Autun, qui date du XVe siècle, figure la ruine du temple de Pluton avec la désignation de *Tour près de la rivière.* Lors du siége de la ville par le maréchal d'Aumont, en 1591, cette tour servit de poste avancé aux Autunois pour défendre les approches du pont et de la porte d'Arroux. Des fouilles entreprises, il y a quelques années, sur le lieu où se trouvoit cet édifice n'ont amené d'autre découverte que celle d'un puits renfermant des médailles du Bas-Empire; mais dès le XVIe siècle on avoit recueilli, près de là, dans le lit de la rivière, une statue de fleuve en marbre blanc, qui est maintenant dans une cour du château de Montjeu.

(1) *Notes d'un voyage dans le midi de la France,* par Prosper Mérimée; Paris, Fournier, 1835, in-8°, page 57.

De tous les monuments subsistants de la ville antique, les plus célèbres et les mieux conservés sont les deux portes d'Arroux et de Saint-André. La porte d'Arroux, située près de la rivière de ce nom, au nord-ouest de la cité, donnoit issue sur la grande voie romaine de Lyon à Boulogne, et menoit en ligne droite, par une rue pavée de blocs de granit, longue de près d'une demi-lieue, à la porte de Rome, ruinée depuis longtemps. Ce monument, qui se rattachoit par deux tours aux remparts d'Augustodunum, est justement admiré pour la noblesse et l'élégance de ses proportions. L'ordre corinthien y domine. Sa largeur est de cinquante-sept pieds et sa hauteur de cinquante pieds. Il forme un massif de dix pieds et demi d'épaisseur d'une face à l'autre, et il est percé de deux arcades de treize pieds d'ouverture et de deux petites portes latérales, le tout assemblé par un entablement posé sur cinq pieds-droits formés d'énormes pierres posées sans ciment. L'édifice est couronné par une belle galerie de dix petites arcades séparées par des pilastres cannelés et surmontés d'une corniche corinthienne. Les angles des tailloirs se font remarquer, comme toute l'architecture du monument, par une grande pureté de lignes. Les ornements de la porte d'Arroux ont été moulés en plâtre, et se voient au musée de la ville. La porte Saint-André, ouverte sur la voie romaine qui de la Loire conduisoit à Besançon, étoit, comme celle d'Arroux, défendue par deux édifices, dont l'un, encore debout, fut converti, durant deux ou trois siècles, en église dédiée à saint André. L'ordre ionique forme son ordonnance; elle est percée, ainsi que celle dont on vient de parler, de deux grandes arcades et de deux plus petites; mais, tandis qu'à la porte d'Arroux les quatre passages sont sur la même ligne, les petites arcades, à la porte Saint-André, s'ouvrent dans deux avant-corps élégants placés sur les flancs. C'est là que venoient aboutir les trottoirs de la rue. La porte Saint-André est également surmontée d'une galerie composée de six arcades sur chaque face du corps principal et de deux sur chacun des avant-corps, soutenues par des pilastres ioniques, couronnés par une corniche. La foudre et les incendies ayant dégradé la partie supérieure de l'édifice, on l'a restauré il y a quelques années; on a fait disparoître en même temps une chapelle ogivale qui masquoit une des petites arcades.

Le théâtre romain d'Autun, qui étoit encore presque entièrement conservé à la fin du XVIIe siècle, ne présente plus aujourd'hui que des ruines masquées en partie par des amas de terre. Les restes de ce monument portent le nom de *Caves Joyaux* ou *Juliots*, et sont situés dans cette portion de l'ancienne ville qu'on appelle encore les Cités. Les gradins sont très-visibles, et ne laissent aucun doute sur la destination de l'édifice. La muraille d'enceinte est restée debout et a fourni le moyen de calculer les dimensions du théâtre; on croit qu'il pouvoit contenir trente-trois mille spectateurs, ce qui le mettoit au rang des plus considérables de l'antiquité. La plupart des archéologues font remonter sa construction au règne de Vespasien. Les pieds-droits, les arcs et les voûtes se composent d'un blocage lié par un ciment et revêtu d'un petit appareil de grès très-soigné. Des socles, des architraves, des corniches avec des médaillons en moyen et grand appareil, dont on a conservé quelques restes, coupoient l'uniformité des lignes. On a trouvé dans une salle intérieure, à l'extrémité de l'hémicycle, des demi-colonnes appliquées revêtues d'un placage de marbre. Le portique extérieur du *postscenium* étoit orné d'une riche colonnade dont les vestiges ont été reconnus il y a quelques années.

L'amphithéâtre, complétement détruit depuis longtemps, n'étoit séparé du théâtre que par une rue. Des fouilles en ont mis à jour les substructions, et ont permis de mesurer les dimensions de l'ellipse. On a trouvé pour le grand axe quatre cent soixante et onze pieds, et pour le petit trois cent quatre-vingt-treize, dimensions qui se rapprochent de celles du Colisée de Rome. L'établissement de la route actuelle, tracée il y a un siècle, a achevé la ruine de ce grand monument, dont les restes sont couverts par des terres en culture. C'est dans l'enceinte de cet amphithéâtre que Maricus, qui s'étoit soulevé contre Vitellius, fut exposé aux bêtes, en présence même de cet empereur.

Des autres édifices qui décoroient la ville d'Augustodunum et dont l'orateur Eumène a vanté la magnificence, il ne reste plus, dans l'enceinte de la Cité, que les débris de deux temples. On les appelle ordinairement temple d'Apollon et temple de Minerve; mais ces dénominations sont fort douteuses. Le premier, enclavé dans une propriété particulière, en face de la promenade des Marbres, bordoit autrefois une grande rue qui conduisoit de la porte de Rome à celle d'Arroux. La découverte d'une tête de statue, que l'on crut être celle d'Apollon, lui a fait donner le nom sous lequel il est connu aujourd'hui. Il ne subsiste plus de ce temple qu'un fragment de muraille; une tranchée pratiquée tout autour a fait reconnoître les substructions de l'enceinte extérieure, qui étoit de forme circulaire. Ce monument est le seul, à Autun, qui présente des cordons de briques dans la maçonnerie; on peut donc le considérer comme l'un des moins anciens. On donne le nom de temple de Minerve à une tour carrée, revêtue en petit appareil et percée de deux arcades, qui existe près du couvent de Saint-Andoche; mais rien n'indique, dans l'état actuel, que cet édifice ait été réellement un temple. Les sanctuaires dédiés à Jupiter et à Hercule, que Maximin fit relever, au rapport d'Eumène, ont entièrement disparu, aussi bien que celui de Junon, situé près du Capitole, et celui d'Anubis, qui auroit existé dans la rue appelée aujourd'hui Chauchien. On suppose encore que le temple de Jupiter étoit sur la montagne de Montjeu, celui de Cupidon sur l'éminence de Philosie, celui de Cybèle à la place où s'éleva depuis l'abbaye de Saint-Jean-le-Grand; mais ces conjectures de quelques savants ne sont appuyées sur aucune donnée certaine.

Pour achever ce que nous avions à dire de l'Autun antique, il nous reste à parler d'un monument singulier qu'on remarque à peu de distance de la ville, dans le village de Couard. C'est une pyramide portée sur une base carrée, élevée d'environ vingt-quatre pieds; elle est construite de pierres assez grosses, irrégulières, liées par un ciment très-dur. Le parement est détruit partout. On a essayé de fouiller à différentes hauteurs l'intérieur de la pyramide, mais on a trouvé partout une masse solide. François Ier, visitant ces lieux, y fit venir Budé et Chasseneutz, qui crurent reconnoître dans la *pierre de Couard* un monument funèbre, mais sans pouvoir déterminer en l'honneur de quel personnage il avoit été élevé. Les recherches postérieures n'ont pas éclairci ce doute. Les uns font de cet édifice le tombeau de Divitiacus ou de Domnorix; d'autres y voient un phare ou une tour de signaux. Pendant longtemps les habitants du village s'en sont servis comme d'une carrière pour bâtir leurs maisons; depuis quelques années on prend plus de soin de la conservation de ce monument; on l'a dégagé des décombres qui l'ensevelissoient, et on a ménagé tout autour une esplanade qui en rend l'abord plus facile aux visiteurs.

La ville d'Autun étoit célèbre autrefois par le nombre et la magnificence de ses édifices religieux; mais la révolution les a fait disparoître successivement presque tous. L'abbaye de Saint-Martin, fondée en 592 par la reine Brunehaut, et dont les murs étoient revêtus de précieux marbres antiques, a été détruite complétement; c'est là que se trouvoit le tombeau de la fondatrice, monument réparé à diverses époques et mutilé en 1793. Il ne reste non plus aucun vestige des monastères de Saint-Jean-le-Grand et de Saint-Andoche, qui devoient aussi leur fondation à Brunehaut. Aujourd'hui la cathédrale est la seule église qui offre de l'intérêt.

La première église épiscopale d'Autun, bâtie vers l'an 343, dans l'enceinte du castrum de la cité, occupoit, selon toute apparence, l'emplacement d'un édifice antique auquel la légende de Saint-Germain-d'Auxerre donne le nom de *Prétoire;* elle étoit dédiée à saint Nazaire. Renversée par les Sarrasins en 731, brûlée par les Normands en 888, cette basilique fut incomplétement réparée; on songea au XIIe siècle à la rebâtir sur un plan plus vaste, et on jeta les fondements d'un nouvel édifice; mais cette seconde église de Saint-Nazaire ne fut jamais terminée. Dès l'année 1195 les chanoines célébroient l'office divin alternativement dans le sanctuaire inachevé de la cathédrale et dans la chapelle du château des ducs de Bourgogne. Plus tard, lorsque les ducs quittèrent Autun pour résider à Dijon, ils abandonnèrent leur chapelle castrale au chapitre, qui finit par l'adopter pour église diocésaine; néanmoins, la basilique de Saint-Nazaire conserva longtemps le titre de cathédrale-mère, et ce fut seulement en 1770 qu'on la délaissa tout à fait. L'ancienne chapelle ducale, qui est la cathédrale actuelle, étoit dès l'origine, malgré son titre modeste, un édifice considérable. Elle avoit été fondée par Robert Ier, vers l'an 1060, continuée par Hugues, son petit-fils, consacrée en 1132 par le pape Innocent II, et achevée sous l'épiscopat d'Étienne, en 1178. Elle est dédiée à saint Lazare, parce que les reliques de ce saint, apportées de Marseille, y avoient été déposées. Restaurée à diverses époques, la cathédrale d'Autun n'a pas conservé le type de son architecture primitive; elle manque d'harmonie et d'unité, en sorte qu'elle n'occupe qu'un rang secondaire parmi les cathédrales de France. Les parties les plus importantes de l'édifice se rapportent à deux époques très-distinctes, le XIIe et le XVe siècle. Comme à Saulieu et dans quelques autres villes de cette contrée, les colonnes engagées, qu'on voit dans presque toutes les églises antérieures à la Renaissance, sont ici remplacées par des pilastres cannelés, ce qui démontre l'influence exercée sur les travaux des architectes du moyen âge par les monuments romains dont ils étoient entourés. La façade principale, exposée au midi par une exception rare, mérite d'être remarquée; c'est incontestablement la partie la plus ancienne de l'église. Elle consiste en un vaste porche, profond, voûté à plein cintre, avec des arcs doubleaux sans arêtes croisées ou transversales, et dont les parois latérales sont ornées de colonnes torses ou cannelées couvertes d'ornements délicats et surmontées de chapiteaux à figures variées. Sur les deux chapiteaux du côté gauche on distingue le loup et la cigogne, Androclès et son lion. L'archivolte de la porte est entourée des signes du zodiaque et des travaux de l'année. La construction de ce porche date de 1178. La grande composition du tympan, due au ciseau du sculpteur Gislebert, avoit été masquée pendant plus de soixante-dix ans par une couche de plâtre; on l'a découverte il y a quelques années;

elle représente le Jugement dernier. La façade est flanquée de deux tours carrées, d'une construction plus récente, surmontées d'un campanile à six pans, couvert en forme de dôme. Du milieu des combles du transsept s'élève à une hauteur de plus de deux cent quatre-vingts pieds une flèche pyramidale en pierre, bâtie aux frais du cardinal Rollin, après un incendie qui, en 1465, détruisit l'ancien clocher et la plus grande partie de la nef. Cette flèche, remarquable par sa grâce et son élégance, est décorée à sa partie inférieure de pinacles et de clochetons; ses arêtes sont garnies de crosses végétales d'un charmant effet.

La nef de cette cathédrale appartient au style de transition, c'est-à-dire qu'on y voit le mélange du plein cintre et de l'ogive. Les fenêtres sont cintrées, tandis que les voûtes sont généralement d'une forme ogivale peu accusée, et supportées par des nervures en forme de tores. Les chapiteaux historiés qui surmontent les pilastres cannelés offrent les sujets les plus variés et parfois les plus bizarres. On y reconnoît notamment le Sacrifice d'Abraham; les trois Enfants dans la fournaise; l'Adoration des mages; un moine, dont les bras et la robe sont garnis de clochettes agitées par deux diables placés au-dessous de lui; un baron foulant un cerf aux pieds de son cheval; des griffons, des oiseaux, des singes, jouant dans le feuillage et mangeant des fruits. Le chœur, dont la disposition actuelle est due au cardinal Rollin, s'étend au delà du transsept et empiète sur la nef; il passe pour un des plus vastes de France par ses dimensions, qui sont vraiment imposantes; mais son étendue au delà de ses limites naturelles nuit considérablement à la perspective générale. On doit regretter aussi que cet agrandissement du chœur ait amené la destruction du magnifique tombeau de saint Lazare, sculpté en marbre, au milieu du XIIe siècle, par le moine Martin. L'abside, au moins dans sa partie supérieure, a été bâtie également par le cardinal Rollin en 1465, ainsi que la charmante tribune en pierre qui soutient le buffet d'orgue. Cette dernière construction réunit au plus haut degré la grâce et la magnificence propres au style ogival flamboyant.

Les chapelles latérales de la nef ont été érigées et décorées à différentes époques dans le XVe et le XVIe siècle. La plus remarquable est celle des fonts baptismaux, où l'on voit un charmant bas-relief représentant Jésus-Christ et la Madeleine. Les têtes sont d'un fini admirable, et le cadre de pierre qui entoure le bas-relief est également un chef-d'œuvre de patience et de travail. La chapelle de Saint-Nazaire et une autre du même côté sont les seules qui aient des vitraux anciens. La généalogie de la Vierge, dans la chapelle de Saint-Nazaire, peut être comptée parmi les meilleurs tableaux sur verre. La chapelle Dorée renferme des peintures murales remontant à la fin du XVe siècle.

De nombreux monuments funéraires avoient été élevés dans la cathédrale d'Autun. La révolution les a tous détruits, à l'exception de ceux du cardinal Rollin et du président Jeannin, qui ont été rétablis dans une chapelle à gauche du chœur. Parmi les tombeaux disparus il faut surtout regretter, outre celui de saint Lazare dont nous avons parlé, la belle tombe de Thierry, comte de Bar, et d'Ermentrude, sa femme, œuvre précieuse du XIIe siècle. Nous signalerons encore dans cette église les riches sculptures de la porte de la sacristie, l'escalier de l'horloge et quelques tableaux au nombre desquels nous devons citer une Descente de croix attribuée au Guerchin, et le Martyre de saint Symphorien, œuvre célèbre de M. Ingres.

Sur la place de la cathédrale, à gauche de l'église, on remarque une jolie fontaine de la Renaissance qui porte la date de 1543. Elle se compose de deux coupoles placées l'une au-dessus de l'autre, soutenues par des colonnes accouplées, et surmontées de la figure symbolique d'un pélican. L'eau s'échappe d'une vasque élégante et se répand dans le bassin qui environne la base du monument. Les gracieuses proportions de cette fontaine, la finesse de son exécution, l'ont fait attribuer sans preuves à Jean Goujon.

L'évêché, assemblage de constructions de diverses époques, est moins remarquable par son architecture que par ses beaux jardins en terrasse; il se recommande surtout par ses riches dépôts de livres, de manuscrits et d'archives. Le grand séminaire, dont la piété de Louis XIV fit un palais, a aussi ses magnifiques jardins dessinés par Le Nôtre, et plantés, dit-on, sur les fondations d'un monument romain, dont on découvrit les marbres en creusant un bassin.

Le musée d'Autun et la collection formée dans cette ville par M. Jovet renferment de précieuses mosaïques, plus de quarante cippes sépulcraux, un grand nombre d'inscriptions et de monuments divers d'un haut intérêt pour l'art aussi bien que pour l'histoire locale.

Nous devions chercher dans les environs d'Autun quelques vestiges de ce culte druidique dont Bibracte fut un des centres les plus célèbres; mais il n'en subsiste plus qu'un bien petit nombre. Le plus remarquable est le menhir qui se dresse, en forme d'obélisque, dans le *Champ de la grande pierre*, près du village d'Auxy. Nous pouvons citer encore la *Pierre qui croule*, qu'on rencontre dans un bois voisin d'Uchon, et un autre monument du même genre, à Dettey, près de Mesvres. Les traces de la domination romaine sont plus nombreuses dans l'Autunois. Sur la montagne de Montjeu (*mons Jovis*), on voit de vastes étangs qui alimentoient la naumachie d'Autun au moyen d'aqueducs dont il existe encore des restes sur une étendue de plusieurs lieues. Des substructions d'édifices antiques, des portions considérables de voies romaines, ont été reconnues sur divers points de cette contrée.

Montjeu, dont nous venons de citer le nom, est remarquable encore par un vaste château, où l'on a réuni une précieuse collection d'antiquités. Le manoir de Monthelon, construit au XVe siècle, à une lieue d'Autun, au pied d'une chaîne de coteaux pittoresques, rappelle le souvenir d'une de ses pieuses châtelaines, la bienheureuse Jeanne Frémiot, baronne de Chantal, l'amie de saint François de Sales et la fondatrice de l'ordre de la Visitation. C'est dans la chapelle du château de Monthelon que fut célébrée l'union de Marie-Aimée de Rabutin-Chantal, fille de la baronne de Chantal, avec Jean de Sales, sire de Torrans, neveu du saint évêque de Genève. On voyoit sur la porte de cette chapelle les armes des Rabutin entourées du collier de l'ordre de Saint-Michel, avec cette devise : *Virescit vulnere virtus.* Couches, qui, suivant d'Anville, occupe l'emplacement du champ de bataille où Julius Sacrovir fut défait par Silius l'an 21 de l'ère chrétienne, étoit, au XVIe siècle, une des places fortes de la réforme en BOURGOGNE. Cette petite ville avoit un prieuré dépendant du monastère de Flavigny et un château longtemps possédé par les ducs de BOURGOGNE et les sires de Montaigu. De ce dernier édifice il ne reste plus que des tours à demi écroulées, des murs d'enceinte en ruines, et la porte d'une chapelle du XVe siècle, à l'entrée de laquelle on voit une statue de saint Ruf, d'une assez belle exécution. Le prieuré de Mesvres, ancienne abbaye que Charles-le-Chauve soumit, en 843, à l'évêché d'Autun, a conservé une tour carrée et quelques vestiges de son église, parmi lesquels on voit un bas-relief qui ornoit la tombe de Nicole de la Trémoille, bienfaitrice de ce prieuré. Nous signalerons encore à l'archéologue et à l'artiste les pittoresques débris des vieilles forteresses d'Épinac et d'Issy-l'Évêque, et ceux de la jolie chapelle du Val-Saint-Benoît, élevée en l'année 1500, par Simon de Loges, bailli d'Autun. Cette chapelle est le seul vestige encore debout d'un grand monastère fondé au XIIIe siècle, dévasté en 1570 par les protestants, et supprimé sous le règne de Louis XIV. Le château de Sully, à trois lieues d'Autun, appartenoit, en 1367, à Philippe de Montaigu, et devint plus tard la propriété de la famille de Saulx-Tavannes. Rebâti par le maréchal de Tavannes, qui y mourut en 1573, il fut pendant plusieurs années la résidence de la princesse Anne de Gonzague, femme du prince Palatin, si connue par sa liaison avec Henri de Guise et par le rôle qu'elle joua pendant les troubles de la Fronde. Le château de Sully étoit vanté par Bussy-Rabutin pour sa magnificence et ses vastes proportions. C'est encore aujourd'hui l'un des plus remarquables de l'Autunois.

Montcenis, autrefois siége d'un bailliage particulier, est situé entre deux montagnes sur l'une desquelles on voit les ruines d'une forteresse du XIVe siècle, démolie par ordre de Henri IV. Son église paroissiale a été reconstruite en 1676. Le bailliage de Montcenis, relevant de l'Autunois, comprenoit les marquisats de la Boulaye, de la Tour-du-

Bois, les baronnies d'Uchon, de Marcilly, le comté de Toulongeon. Ce pays, transformé et enrichi par l'industrie moderne, a gardé bien peu de monuments de son passé.

Au sommet et sur le penchant d'une haute colline, près de la rive droite de la Loire, aux confins du Bourbonnois, s'élève la ville de Bourbon-Lancy, célèbre dès l'antiquité par ses eaux minérales, et désignée dans les Itinéraires sous les noms d'*Aquæ Nisincii, Aquæ Borvonis.* Des vestiges d'aqueducs, de vastes bassins, des salles d'étuves revêtues de marbres précieux, attestent encore l'importance qu'avoit, à l'époque gallo-romaine, l'établissement thermal de Bourbon. Négligé au moyen âge, il tomba tout à fait en ruines sous Charles IX. Henri III en commença la restauration, qui fut reprise sous Henri IV, et à peu près complétée sous Louis XIII. La ville de Bourbon-Lancy doit son surnom à Ansel, sire de Bourbon (1030), frère d'Archambaut, seigneur de Bourbon-l'Archambault en Bourbonnois. Elle appartint successivement aux familles de Courtenay, de Nevers, de Château-Villain, de la Trémoille, de Vergy. Rachetée de Guillaume de Vergy par Pierre, duc de Bourbon, en 1488, elle fut confisquée sur le connétable de Bourbon par François Ier, et réunie à la couronne en 1530. Un bailliage dépendant de l'Autunois y fut établi en 1544 et confirmé en 1599. Cette ville, qui renfermoit autrefois un prieuré fondé au XIe siècle sous le vocable de saint Nazaire, la collégiale de Notre-Dame et les paroisses de Saint-Martin et de Saint-Léger, n'a plus aucun édifice religieux qui mérite d'être cité. Elle est dominée par les ruines de son ancien château fort, entouré de fossés profonds creusés dans le roc.

Semur en Brionnois, petite ville d'origine fort ancienne, occupoit, suivant quelques géographes, l'emplacement de la capitale des *Brannovii* dont parle César. Son histoire n'est qu'une longue suite de siéges et de désastres depuis les invasions normandes jusqu'aux guerres de la Ligue. Elle avoit une collégiale qui n'existe plus et un château fort dont les ruines attestent l'ancienne importance. L'église paroissiale, remarquable par la régularité de son plan et l'uniformité de son style, offre un type intéressant et assez complet de l'architecture romane de la fin du XIe siècle ou du commencement du XIIe. La nef, très-élevée, est accompagnée de deux collatéraux d'un goût sévère; les deux bras du transsept sont tout à fait dégagés à l'intérieur, et présentent un pignon percé de trois fenêtres à plein cintre. L'extrémité orientale se termine par trois absides dont les ouvertures cintrées, fort évasées de dedans en dehors, n'ont aucune décoration. Un pignon très-élancé, surmonté d'une croix de pierre, indique le point de jonction de l'abside principale et du sanctuaire. Au-dessus du transsept s'élève un clocher octogone divisé en deux étages qui sont décorés d'une double arcature sur chaque face. La ville de Semur en Brionnois étoit autrefois le siége d'un bailliage qui s'étendoit le long des rives de la Loire, entre le Charolois et le comté de Mâcon. Dans les limites du Brionnois nous n'avons à signaler que la petite ville de Marcigny, célèbre par les siéges qu'elle a soutenus et par un prieuré de dames nobles fondé en 1054 par saint Hugues, abbé de Cluny; le bourg d'Anzy-le-Duc, ancienne châtellenie qui fut longtemps du domaine particulier des rois de France et ensuite des ducs de BOURGOGNE, et les vieux châteaux d'Amanzé, de Dyo, de Saint-Christophe, de Chizeul, de la Bazole et d'Arcy. Il subsiste à Avrilly quelques traces d'une voie romaine qui se dirigeoit de Roanne à Vichy. Entre Dyo et Saint-Symphorien, on voyoit, au XVIIIe siècle, les restes d'une autre chaussée antique près de laquelle on découvrit une colonne ornée de sculptures et des médailles du Haut-Empire (1).

Au nord du Brionnois, entre le bailliage de Montcenis, de Bourbon-Lancy et de Mâcon, s'étendoit le comté de Charolois, pays coupé de forêts, d'étangs et de rivières, et traversé du nord au sud par une branche des Cévennes. A l'époque de la conquête romaine, le Charolois étoit habité par les Ambarri et les Brannovii, peuples dépendant de la confédération des Éduens. Du temps d'Honorius il fut compris, sous le nom de *Pagus Quadrellensis*, dans la seconde Lyonnoise. Plus

(1) Voy. Courtépée, *Description du duché de Bourgogne*, tome IV, page 174.

tard, les rois de BOURGOGNE, les rois de France, les comtes de Châlon, le possédèrent tour à tour. En 1390, le duc de BOURGOGNE, Philippe-le-Hardi, racheta ce comté, qui fut destiné à former l'apanage de l'héritier du duché; c'est ainsi que Philippe-le-Bon, et après lui Charles-le-Téméraire, portèrent tous deux, avant leur avénement, le titre de comte de Charolois. Louis XI s'en empara après la mort du duc Charles, mais le roi Charles VIII le rendit, en 1493, par le traité de Senlis, à Philippe, archiduc d'Autriche, à la charge d'en faire hommage à la France. A la déclaration de guerre contre la maison d'Autriche, en 1674, Louis XIV confisqua le Charolois, qui lui resta définitivement par la paix de Nimègue, en 1679. Ce petit pays avoit été gouverné, depuis le XIVe siècle, par des États particuliers, qui ne furent réunis aux États généraux de BOURGOGNE qu'en 1751.

Charolles, ancienne capitale de ce comté, n'est pas mentionnée dans l'histoire avant le Xe siècle. Suivant quelques auteurs, le roi Raoul y fonda, en 928, le prieuré de la Madeleine en mémoire de la bataille qu'il venoit de gagner contre les Normands; selon d'autres, l'origine de ce prieuré ne remontoit qu'à l'année 1005. Son église, vaste et belle, étoit en ruines au siècle dernier. Saint-Nizier, paroisse actuelle, autrefois collégiale, est le seul monument qui subsiste à Charolles; cette église a peu de valeur archéologique. L'ancien château des comtes de Charolois est depuis longtemps démoli; il en reste à peine quelques débris au sommet de la colline qui domine la ville.

L'église la plus intéressante du Charolois est celle de la petite ville de Paray-le-Monial. Elle appartenoit à un prieuré de l'ordre de Saint-Benoît, fondé en 973 par Lambert, comte de Châlon, et réuni à l'abbaye de Cluny en 999. Le comte Hugues, fils de Lambert, fit rebâtir le monastère et édifier une nouvelle basilique, consacrée, sous l'invocation de Notre-Dame et de Saint-Jean-Baptiste, le 9 décembre 1004. C'est l'édifice qui subsiste encore en partie, et qui sert aujourd'hui d'église paroissiale. Son plan est en forme de croix latine, mais les deux bras du transsept ont un si grand développement que l'ensemble du monument a presque l'apparence d'une croix grecque. Comme les autres églises de l'ordre de Saint-Benoît en Bourgogne, la basilique de Paray est précédée d'une avant-nef ou narthex. La façade, dépourvue d'ornements, est accompagnée de deux tours carrées, dont la partie supérieure est décorée d'arcatures et de fenêtres cintrées d'un style sévère. La porte qui ouvre du narthex dans la nef principale est rehaussée de sculptures byzantines d'un beau travail. La base du clocher qui s'élève sur le transsept remonte à la première construction, tandis que l'étage supérieur, percé d'arcades ogivales, paroît être de la fin du XIIIe siècle. L'intérieur de l'édifice, où domine le style de transition, est surtout remarquable; on est frappé de la largeur et de la hardiesse de ses voûtes. Plusieurs parties de la nef et du chœur présentent, comme à la cathédrale d'Autun et au portail d'Avalon, des piliers ornés de pilastres cannelés. La voûte du sanctuaire s'appuie sur des colonnes rondes très-élancées, ce qui donne à cette partie de la basilique une grande légèreté apparente. On voit dans la chapelle de la Vierge les tombeaux de Jean de Damas de Digoine, seigneur de Clessey, chevalier de la Toison d'or, inhumé en 1468. Le palais abbatial, dont on admiroit avant 1789 les jardins élégants, avoit été construit en 1480 par le prieur Jean de Bourbon, et achevé en 1516 par Jacques d'Amboise. Des peintures à fresque de la fin du XVe siècle décoroient une des salles de ce palais; elles conservoient le souvenir du séjour que fit Louis XI à Paray lorsqu'il se rendit en Dauphiné. Les moines détruisirent ces fresques en 1730. La ville de Paray eut beaucoup à souffrir des troubles religieux du XVIe siècle. Les calvinistes forcèrent la place en 1562, et livrèrent au pillage les églises et les maisons des habitants. Après l'édit de pacification, leurs ministres y établirent un temple qui devint célèbre par les prédications de Dumoulin et de Théodore de Bèze. Si l'on en croit la plupart des historiens modernes de la Bourgogne, l'expulsion des protestants en 1685 fit sortir de Paray trois cents habitants qui portèrent leur industrie en Suisse et en Allemagne. D'un autre côté nous lisons dans la description manuscrite du duché de Bourgogne, rédigée en 1700 par Ferrand, intendant de cette province : « Il n'y avoit aucuns religionnaires dans tout le Charolois, lors des derniers édits, hors à Paray. De cinquante familles ou environ qui étoient établies dans cette ville, il y en a quinze qui sont sorties du royaume. » Quoi qu'il en soit, cette petite ville, aujourd'hui sans importance, n'a d'autres monuments que l'église dont nous venons de donner la description. Celle du village de Viry, à deux lieues de Charolles, est remarquable par de magnifiques vitraux du xvie siècle, représentant des sujets variés, dont plusieurs sont très-bizarres. Une de ces curieuses verrières représente un seigneur de Viry, Charles de Saillant, aux pieds de saint Charlemagne, et Marguerite de Saligny, sa femme, agenouillée devant sainte Marguerite, sa patronne, tenant un cierge allumé que le démon cherche à éteindre. Nous signalerons encore, dans les limites de l'ancien Charolois, les beaux châteaux de Digoine et de la Motte Saint-Jean.

Dessiné par Girard — Lith. par Aug. Stolz.

Restes d'un théâtre Romain à Autun. 41

Le Châlonnois et la Bresse châlonnoise; le Mâconnois.

CHALON-SUR-SAÔNE, *Cabellio*, étoit, même avant l'ère romaine, au nombre des villes importantes de la Gaule. Elle est désignée par César comme la capitale des Ambarres, clients des Éduens. La fertilité du pays dont elle étoit le centre, les avantages que présentoit le voisinage de la Saône, y avoient fixé dès lors une population nombreuse. Le conquérant et après lui les empereurs y établirent le dépôt des vivres de l'armée romaine; aussi est-elle appelée dans les Commentaires *Castrum frumentarium.* La culture de la vigne augmenta, sous le règne de Probus, la prospérité de Châlon. Constantin, en mémoire de la vision miraculeuse qu'il eut aux portes de cette ville, lui accorda une protection particulière. La triple enceinte de briques dorées dont les Romains l'entourèrent lui fit donner par les romanciers et les chroniqueurs du moyen âge le nom d'*Orbandal.* Les trois arbres d'or qui décorent ses armes sont restés comme un témoignage de cette curieuse tradition. Saint Marcel, qui souffrit le martyre aux environs de Châlon, sous le règne de Marc-Aurèle, est regardé comme le premier apôtre du Châlonnois; après lui Gratien, Sylvestre, Agricola, Flavius et Loup, évangélisèrent cette contrée. Pillée par les Germains, en 264, ruinée par Attila, en 451, Châlon tomba au pouvoir des Burgondes dans la seconde moitié du ve siècle. Ce fut dans cette ville que les ambassadeurs de Clovis vinrent demander pour leur maître, en 494, la main de Clotilde, fille de Gondebaud. Gontran, fils de Clotaire, en fit sa capitale en 567, et y fonda, dix ans plus tard, le monastère de Saint-Marcel, où il fut inhumé. Dès le vi[e] siècle le gouvernement de Châlon fut confié à des comtes, d'abord amovibles, ensuite héréditaires. Le dernier de ces comtes, Jean de Châlon, tige de la maison des princes d'Orange, échangea ce comté, en 1237, avec Hugues IV, duc de Bourgogne, pour la seigneurie de Salins et d'autres terres en Franche-Comté. Traitée avec faveur par les ducs de Bourgogne, et plus tard par les rois de France, la ville de Châlon jouit d'une grande prospérité pendant plusieurs siècles. En 1377 ses bourgeois firent présent au duc Philippe-le-Hardi de deux pièces de canon d'un énorme calibre. En 1494 le roi Charles VIII, entrant à Châlon, trouva les rues tendues de tapisseries, les places ornées de théâtres sur lesquels étoient représentés des mystères et moralités, « et en ung pavillon de drap d'orfévrerie, accoutrée d'un « manteau de soye, estoit la plus belle et sage jeune fille de Châlon, ma- « demoiselle Beuvrand, qui offrit au sire roy, avec ung chapel de fleurs, « ung cueur d'or fin du prix de 100 escus (1). » En 1496, une cruelle épidémie décima la population de Châlon; le corps de ville décida que, pour obtenir la guérison des pauvres malades, « il falloit incontinent « mettre sus le jeu et mystère du glorieux ami de Dieu, monsieur saint « Sébastien. » La pièce, composée par un poëte de Givry, Jacques de Mortières, chanoine de Saint-Georges, qui eut 17 écus pour salaire, fut représentée par douze des meilleurs bourgeois. François Ier et Henri II agrandirent l'enceinte de cette ville, et Charles IX, en 1563, y fit construire une citadelle pour la garantir contre les attaques des Huguenots, qui, l'année précédente, ayant surpris la place, avoient dévasté les églises,

(1) Extrait des registres de l'hôtel de ville de Châlon.

pillé le trésor de la cathédrale et dispersé, dans le monastère de Saint-Marcel, les restes du roi Gontran. Le ressentiment de ces excès des religionnaires engagea vivement les Châlonnois dans le parti de la Ligue. En 1588 Mayenne donna le commandement de la citadelle de Châlon à un capitaine béarnois, Antoine Guillermy, seigneur de l'Artusie, dont les violences et la cupidité pesèrent sur les habitants pendant sept années. Cette ville ne recouvra le calme et la prospérité que par l'édit de pacification signé à Folembray en 1595.

On comptoit à Châlon-sur-Saône, avant 1789, une église cathédrale, deux abbayes, une collégiale, quatre paroisses, deux commanderies et huit communautés. Ces établissements religieux ont été presque tous supprimés et détruits. Des quatorze églises que possédoit la ville il n'en reste plus que deux, qui servent aujourd'hui de paroisses : Saint-Vincent, l'ancienne cathédrale, et Saint-Pierre, autrefois monastère de Bénédictins.

L'église épiscopale de Châlon paroît avoir été fondée primitivement, vers la fin du ve siècle, sur les ruines d'un temple païen. En y creusant un caveau, vers 1780, on découvrit, à quinze pieds de profondeur, des fragments de colonnes, des chapiteaux, des frises, et un cippe, où se trouvoit sculpté, dans un style barbare, un Mercure avec ses attributs. Cette église porta d'abord le nom de Saint-Étienne; mais, lorsqu'elle eut reçu du roi Childebert, en 541, des reliques de saint Vincent de Saragosse, elle adopta le vocable de ce saint, devenu dès lors le patron du diocèse. Reconstruite ou agrandie, en 552, par l'évêque saint Agricole, qui l'orna de colonnes de marbre et de mosaïques, cette basilique fut dévastée par les Sarrasins et restaurée par Charlemagne; un grand concile y fut assemblé en 813, un an avant la mort de cet empereur. Plusieurs fois rebâtie depuis, la cathédrale de Châlon n'a rien conservé qui appartienne à ces temps reculés. Quelques parties de l'édifice actuel remontent seulement au xiie siècle, d'autres au xiiie; tout le reste se rapporte à la dernière réédification, qui eut lieu de 1386 à 1404. Les voûtes sont supportées par des piliers carrés, décorés, sur la face qui regarde la grande nef, de ces pilastres cannelés que nous avons si fréquemment rencontrés dans les édifices religieux du midi de la France. Sur les autres faces sont des colonnes engagées surmontées de chapiteaux historiés. Le chevet se compose de trois absides, et il y a en outre une abside à chaque extrémité des transsepts. L'intérieur ne renferme aucun objet d'art remarquable, à l'exception d'un dais de menuiserie du XVe siècle, au-dessus duquel s'élèvent des pyramides triangulaires, découpées d'ogives et de trèfles, hérissées de feuilles de choux, et portant en amortissement trois statuettes. Nous signalerons encore, dans le chœur, le couronnement en pierre de la chaise épiscopale, précieux échantillon de l'art du XIVe siècle, et, au-dessus du banc d'œuvre, un tableau sur bois d'un certain mérite. Les anciens clochers avoient été abattus en 1793; on les a remplacés par deux tours construites de 1827 à 1837.

Au milieu de la place qui s'étend devant le portail on voit une belle colonne antique en granit, débris intéressant et à peu près unique du Châlon gallo-romain. A gauche de la cathédrale est l'ancien palais épiscopal, converti en habitation particulière. Dans les dépendances de la basilique il existe quelques restes du cloître des chanoines de Saint-Vincent, œuvre du XIVe siècle, et une tour d'une construction assez élégante, la tour du Doyen, qui paroît remonter à la même époque.

L'église de l'abbaye de Saint-Pierre, de l'ordre de Saint-Benoît, fondée en 584 par l'évêque Flavius, détruite par les Sarrasins, rétablie en 887, incendiée par le feu du ciel en 965, entourée de murs et de fossés au XIIIe siècle, rebâtie en 1692, est surmontée de deux hauts clochers à doubles dômes. Sa reconstruction presque moderne lui a ôté toute valeur archéologique. Nous y avons remarqué toutefois de belles stalles sculptées, provenant de l'abbaye de Maizières.

Parmi les autres édifices de Châlon qui méritent d'être visités nous ne devons pas oublier de citer la tour octogone de l'ancien beffroi, construite au XIVe siècle sur le modèle des monuments flamands du même genre; la petite église de l'hospice de la Charité, qui renferme de précieux tableaux, et surtout l'hôpital général, situé dans l'île de Saint-Laurent. La grande salle de cet hôpital, servant de chapelle, se recommande à l'intérêt des artistes par sa belle voûte ogivale en bardeaux, ses verrières peintes, ses tombes historiques et ses meubles richement sculptés.

L'antique église du monastère de Saint-Marcel, fondé à l'est de Châlon, sur les bords de la Saône, par le roi Gontran, et illustré par le séjour et la mort d'Abailard, a été plusieurs fois incendiée et rebâtie sur l'emplacement primitif; l'édifice actuel appartient au style roman-byzantin de transition.

Le bailliage de Châlon, le plus étendu de toute la Bourgogne, se composoit de deux parties divisées par la Saône : le Châlonnois, à l'ouest de cette rivière, et la Bresse châlonnoise, à l'est. Dans les limites du Châlonnois nous devons d'abord citer les deux importants monastères de la Ferté-sur-Grône et de Maizières. L'abbaye de la Ferté, première *fille* de Cîteaux, avoit été fondée en 1113 par Savaric de Vergy, comte de Châlon, au milieu de la vaste forêt de Bragny, et devoit ses accroissements aux libéralités des ducs de Bourgogne, de la comtesse Béatrix, de Girard de Vienne et des seigneurs de Sercy, de la Salle, de Brancion, de Senecey et de Damas. Son église, reconstruite en 1210, passoit pour un des plus beaux monuments religieux de la Bourgogne. On en voit encore quelques restes près du village de Saint-Ambreuil, à trois lieues de Châlon. L'abbaye de Maizières (*Maceriæ*), située entre Châlon et Beaune, près de Saint-Loup, n'a laissé presque aucun vestige. Elle appartenoit aussi à l'ordre de Cîteaux, et son origine remontoit à l'an 1132. Elle avoit pour fondateur Foulque de Réon, et pour insignes bienfaiteurs les sires de Montaigu, branche puînée de la première maison de Bourgogne. Cette maison de Montaigu n'a rien de commun avec les Montaigu ou Montagu, si célèbres en Angleterre, et qui étoient d'origine normande; elle ne doit pas être confondue non plus avec les Montaigu d'Auvergne, qui comptoient un grand-maître et plusieurs hauts dignitaires dans l'ordre de Saint-Jean-de-Jérusalem. Il existe en France un grand nombre de localités qui portent le nom de Montaigu, et l'ont transmis à des familles nobles, tout à fait distinctes les unes des autres.

Le château de Montaigu, qui avoit donné son nom à la branche puînée de la maison de BOURGOGNE, et qui fut sa résidence pendant plusieurs siècles, étoit une forteresse flanquée de douze tours, dont on voit les imposantes ruines au sommet d'une roche escarpée, près du village de Touches, à trois lieues de Châlon. Ce château, mentionné dans des titres de l'an 1015, avoit une double enceinte de murs avec chemin couvert et souterrain. Il fut pris par le duc de Nemours en 1591, et démantelé quelques années après par ordre de Henri IV. Au milieu de ses murailles écroulées on a construit un petit ermitage d'où la vue s'étend jusqu'aux Alpes et au Jura. Un autre manoir féodal du Châlonnois, le château de Brancion, rappelle le souvenir d'une famille qui tint longtemps un rang distingué parmi les barons de BOURGOGNE, et surtout de ce Josserand de Brancion, dont Joinville, son neveu, raconte les exploits et la mort glorieuse à la bataille de la Massoure. Nous ne rencontrons jamais ce nom de la Massoure sans nous rappeler cette plaine célèbre et notre pèlerinage à cette maison arabe des bords du Nil où fut renfermé saint Louis, dernier roi de France qui ait fait des efforts pour civiliser par le christianisme ces terres d'Orient, où le christianisme et la civilisation ont pris naissance. Que de malheurs il auroit épargnés à l'humanité s'il eût réussi! Et que de remords les chrétiens d'Occident ne devroient-ils pas éprouver d'avoir abandonné aux violences et à la barbarie, pendant tant de siècles, leurs frères d'Orient! Cet abandon a été contraire, non-seulement aux intérêts moraux des nations civilisées, mais encore aux intérêts de leur prospérité matérielle. Le château de Brancion, vendu par Henri de Brancion au duc Hugues IV, fut reconstruit par Philippe-le-Bon, en 1463. Les massives murailles de l'enceinte, les débris du donjon, des tours de Beaufort et du Préau, et de la chapelle de Sainte-Catherine, appartiennent en effet au XVe siècle.

Les bourgs de Sennecey-le-Grand, de Buxy-le-Royal, de Chagny, de Givry, avoient quelque importance au moyen âge, et possédoient des châteaux dont il reste à peine vestige. Les églises de ces bourgs, quoique de fondation ancienne, ont perdu presque tout intérêt archéologique; mais on trouve dans cette contrée des églises rurales d'une construction curieuse dont plusieurs remontent à l'époque romane. Nous signalerons surtout celles de Virey-le-Grand, de Chamilly et de Chassey; l'église de Fontaines-sur-Châlon, de style ogival, et à trois nefs, est remarquable par son élégance.

Entre la Saône et le Doubs nous avons visité d'abord la petite ville de Seurre, jadis fortifiée, qui, ayant embrassé le parti du prince de Condé dans les troubles de la Fronde, fut assiégée, prise et rasée en 1652. L'église de Seurre, surmontée d'un beau clocher, appartient à la fin du XIVe siècle, et n'est pas indigne d'attention au point de vue de l'art. Mais on rencontre, à une lieue et demie de cette petite ville, un monument d'un bien plus grand intérêt, c'est la chapelle de l'ancien château de Pagny. Le manoir féodal dont ce charmant édifice dépendoit appartint longtemps à la maison de Vienne, puis à celles de Longwy et de Chabot; acheté par Louis XIV pour le duc de Vermandois, il devint, au siècle dernier, la propriété du duc de la Vallière, qui le fit démolir en 1774. Une seule tour est restée debout, ainsi que la chapelle, dont la conservation est heureusement complète. Cet édifice construit tout en brique, à l'exception des angles qui sont de granit, aussi bien que les sculptures extérieures, a la forme d'une croix latine; sa longueur est de soixante-dix-huit pieds sur vingt-cinq de largeur et trente-trois de hauteur sous voûte. La façade est surmontée d'un fronton triangulaire ayant trois ouvertures à œil-de-bœuf, et servant de support à un clocheton octogone dont chaque face est percée de deux petites fenêtres géminées. Le portail, œuvre du XVIe siècle, est précédé d'un avant-corps peu saillant, au milieu duquel deux portes géminées servent d'entrée principale. De chaque côté des colonnes cylindriques détachées, des pilastres à frises supportent des statues drapées, parmi lesquelles on reconnoît la sainte Vierge tenant l'enfant Jésus dans ses bras. Les arabesques, dont l'artiste a couvert les colonnes et les pilastres, offrent des figures d'enfants et d'animaux délicatement sculptés; les angles des chapiteaux travaillés à jour, supportent aussi des figures d'anges et de chimères.

Les archivoltes des portes présentent un double rang de feuillages. Les contreforts qui entourent l'église sont couverts des plus riches ornements; on y remarque un retrait sur lequel, entre autres figures emblématiques, repose un berger jouant de la musette et portant l'écusson armorié de Jean de Vienne. Les gargouilles représentent des aigles à deux têtes, des griffons, des ours, un moine portant une légende et écoutant un démon qui lui parle à l'oreille. Dans l'intérieur de cette jolie chapelle nous signalerons surtout les élégantes arcades ogivales de la nef, des faisceaux de colonnettes avec leurs chapiteaux chargés de figures, les dix grandes fenêtres de style flamboyant percées dans les trois premières arcades latérales et ornées de trèfles et de quatre-feuilles. Le jubé, construit par l'amiral Chabot en 1538, se compose d'un portique cintré, de huit colonnettes élevées sur des arcades à plein cintre, séparées par des pilastres cannelés, et d'une frise ornée de cinq bas-reliefs d'une exécution remarquable, représentant des génies soutenant les emblèmes et les armoiries des barons de Pagny. Le beau retable en bois sculpté, placé au-dessus de l'autel, a pour sujets principaux l'Adoration des mages, la Circoncision et Jésus au Calvaire. Chaque sujet est couronné d'arceaux trilobés et découpés en dentelles; huit petits bas-reliefs formant encadrement reproduisent plusieurs histoires de l'Ancien Testament. Dans le chœur, près du jubé, on voit le tombeau de Jean de Vienne, et plus loin ceux de Jean de Longwy et de Jeanne de Vienne, sa femme, couverts de leurs statues en albâtre, couchées sur une table de marbre noir. La magnifique chapelle de Pagny appartient aujourd'hui à M. le duc d'Uzès.

La petite ville de Verdun-sur-Doubs, située au confluent du Doubs et de la Saône, intéresse l'historien par le souvenir des siéges qu'elle soutint au XVe et au XVIe siècle; mais elle n'a conservé aucun monument qui puisse fixer les regards de l'archéologue. Près de Verdun, sur le territoire de Villegaudin, s'élève le château historique de la Marche, que recommandent le souvenir du chroniqueur Olivier de la Marche et une élégante chapelle du XIVe siècle. Un peu plus loin on remarque le château de Pierre, construit en 1672 par Claude de Thyard de

Bissy, et qui passe pour une des plus belles habitations du Châlonnois.

Au sud de Verdun, sur la rive gauche de la Saône, s'étendent les fertiles plaines de la Bresse châlonnoise. Nous ne pouvons que signaler sommairement quelques localités de cette partie de la BOURGOGNE. Cuisery, autrefois chef-lieu d'une châtellenie importante, fut assiégé par le comte de Savoie en 1357, puis par les Allemands en 1477, saccagé encore par les calvinistes en 1658, et par le prince de Condé pendant la guerre de la Fronde. C'est aujourd'hui une petite ville remarquable par sa situation agréable au sommet d'une colline, au pied de laquelle coule la Seille, et par sa jolie église du XVe siècle, surmontée d'une tour élevée. A peu de distance de Cuisery, près du château de Loisy, on a trouvé, en 1814 et en 1821, des couches d'ossements et des débris d'armes qui ont fait supposer que ce lieu avoit été le théâtre d'une bataille entre Septime-Sévère et Albinus, son compétiteur à l'empire. A Cuiseaux, autre petite ville jadis fortifiée, et qui eut beaucoup à souffrir des guerres du moyen âge, on voit, dans l'église paroissiale, des stalles sculptées du XIVe siècle, dont les dossiers sont couverts de figures grotesques et fantastiques. Le chœur de la même église renferme les tombeaux d'Alix de Châlon et de Guillaume de Saulieu, son mari, fondateurs du chapitre de Cuiseaux. Louhans, aujourd'hui la ville la plus considérable de cette contrée, paroît avoir une origine fort ancienne, à en juger par les débris de l'époque gallo-romaine qui ont été trouvés à diverses époques dans son enceinte; toutefois ce n'étoit plus qu'un village au IXe siècle. L'histoire de Louhans, comme ville, ne commence que beaucoup plus tard. Henri de Vienne, sire d'Antigny, accorda aux habitants, en 1269, une charte de franchise et de privilége. Les grandes compagnies, au XIVe siècle, incendièrent la ville et son église. Pendant la Ligue, Louhans soutint vaillamment le parti de Henri IV, qui, pour récompenser sa fidélité, y institua un bailliage en 1595; mais Châlon s'opposa toujours à l'érection de ce tribunal. Les seigneurs de Louhans, de la maison de Vienne, possédoient, au moyen âge, vers le nord de la cité, près de la Seille, un château fort qui a été entièrement détruit à la fin du XVIe siècle.

La ville n'offre plus aucun monument digne d'intérêt; son église, ancien prieuré dépendant de l'abbaye de Tournus, a été reconstruite plusieurs fois, et n'a rien de remarquable; mais la ville elle-même avec ses vieilles maisons aux toits avancés, qui permettoient autrefois de parcourir toutes ses rues à l'abri de la pluie, est d'un aspect curieux et pittoresque.

A un quart de lieue de Louhans, le village de Château-Renaud et le hameau de Brenay, qui l'avoisine, marquent l'emplacement d'une ville ou d'un établissement gallo-romain d'une certaine importance. On ne peut y fouiller la terre sans rencontrer les débris de quelque ancien édifice. On y a trouvé des fûts de colonnes, des chapiteaux, des pavés de mosaïques, des statuettes, des médailles, et récemment encore une chambre sépulcrale bien conservée. Près de là, sur le bord de la Seille, on distingue, à fleur de terre, un massif de maçonnerie qui a dû former la culée d'un pont où venoit aboutir une voie romaine. Sur divers autres points de la Bresse châlonnoise, particulièrement à Ormes, à Noiry, à Saint-Vincent-en-Bresse, à Saint-Étienne, à Montret, à Branges, on a reconnu des vestiges considérables de camps, de chemins et d'édifices, qui paroissent aussi remonter à la domination romaine. Le village de Branges, que nous venons de nommer, étoit autrefois dominé par un château fortifié dont on reconnoît encore l'enceinte. Son église, bâtie sur un point isolé de la paroisse, renferme une charmante chapelle de la Renaissance, construite, en 1533, par Jean de Lugny, seigneur de Branges.

Aux campagnes du Châlonnois, aux plaines de la Bresse châlonnoise, succèdent les paysages non moins riches, non moins variés du Mâconnois. Sa capitale, Mâcon, l'antique Matisco, étoit la seconde ville de la confédération éduenne. César y plaça deux légions aux ordres de Quintus Cicéron et de Publius Sulpicius, afin de pourvoir aux approvisionnements de blé nécessaires à son armée. L'*Itinéraire d'Antonin* place Mâcon sur la route de Lyon à Autun. Les Romains y établirent une fabrique de traits et de flèches. La ville devint bientôt considérable; on y éleva des temples et des édifices publics, que les incendies et les guerres détruisirent complétement, mais dont on a trouvé des vestiges à diverses époques. Ruinée par les Huns au ve siècle, saccagée par les Sarrasins d'Abdérame, en 732, incendiée par Lothaire en 834, dévastée de nouveau par les Hongrois, en 937, par les Brabançons en 1040, cette ville se releva peu à peu de tant de désastres et fut close de murs en 1222. Mâcon et son territoire étoient possédés, depuis le règne de Louis-le-Débonnaire, par des comtes particuliers fort belliqueux, et souvent en guerre avec les moines de Cluny. Suivant une vieille tradition, un de ces comtes, nommé Guillaume, ayant traité indignement les religieux de la puissante abbaye, fut enlevé un jour, au milieu d'un festin, par un inconnu, et l'on n'entendit plus jamais parler de lui (1). L'intendant Ferrand, dans son mémoire manuscrit sur le duché de BOURGOGNE, remarque que l'histoire des comtes de Mâcon est obscure et difficile à suivre pendant une partie du moyen âge; puis il ajoute : « Après que Guy, fils du comte Guillaume, avec sa femme, « ses fils, ses filles et trente gentilshommes, comme porte son épitaphe, « se fut retiré dans l'abbaye de Cluny, on trouve que les comtes de « BOURGOGNE prennent la qualité de comtes de Mâcon, et l'on doit en « conclure, comme il n'y a plus de filiation, que le comté de Mâcon- « nois leur étoit échu par droit de succession à cause de quelque al- « liance. Il fut par la suite le partage des cadets de cette maison, avec « le comté de Vienne, jusqu'à ce qu'Alix de Vienne, leur héritière, « et Jean de Dreux, son mari, en 1239, vendirent le comté de Mâ- « connois au roi saint Louis pour le prix de 10,000 livres en argent « et 1000 livres de rente annuelle (2). » Le règne de saint Louis et de ses successeurs fut pour Mâcon une époque de prospérité. Le saint roi fit de cette ville le siége d'un des principaux bailliages du royaume, et y fonda un magnifique couvent de Dominicains, sur l'emplacement du château des comtes. Philippe de Valois, un siècle plus tard, constitua l'échevinage de la cité. Mais une nouvelle série de calamités accabla

(1) *Voyage dans la vieille France*, par Jodocus Sincerus.

(2) *Mémoire du duché de Bourgogne*, dressé en 1700 par Ferrand, intendant de cette province, manuscrit en deux vol. in-4°, tome II, *Description du pays et comté de Mâconnois*, f° 69.

cette malheureuse ville. Les Écorcheurs ou Tard-Venus la saccagèrent, en 1361 ; Louis XI, dans ses démêlés avec les ducs de Bourgogne, la fit assiéger par le dauphin d'Auvergne, et pendant les guerres de religion elle fut prise et reprise plusieurs fois par les troupes des deux partis. Les Huguenots y commirent d'affreuses dévastations, pillant et brûlant les églises, leurs archives, leurs trésors, massacrant les habitants catholiques, précipitant du haut du clocher des Jacobins le prieur et un frère de cet ordre. On conçoit qu'après tant de désastres, Mâcon ne possède plus qu'un bien petit nombre de ses anciens monuments. Outre le couvent des Dominicains ou Jacobins, fondé par saint Louis, cette ville a perdu sa collégiale de Saint-Pierre et sa belle abbaye des chanoines de Saint-Augustin, où l'on remarquoit, entre autres curiosités, un autel de marbre, à quatre faces, orné de précieuses sculptures, enlevé, disoit-on, par les premiers évêques, d'un temple païen. L'ancienne cathédrale, dédiée à saint Vincent, fondée par Childebert, enrichie des bienfaits de Gontran, de Charlemagne, de Philippe-Auguste et du roi Philippe-le-Hardi, a vu disparoître dans les dévastations de 1793 ses vitraux, ses magnifiques boiseries et tous les objets d'art qui avoient pu échapper aux religionnaires du xvie siècle. La solidité de ses murailles l'a seule préservée d'une ruine totale. Vendue à des particuliers pendant la révolution, elle sert depuis cette époque à des usages industriels. La façade et deux tours octogones sont encore entières. Une ogive du xve siècle surmonte la porte principale; les deux portes latérales sont cintrées et flanquées de colonnes romanes dont les chapiteaux portent quelques traces de peinture. On distingue deux époques dans les tours : la partie inférieure est romane; le haut paroît être de la fin du xiiie ou du commencement du xive siècle. L'une de ces tours, celle qui est située au nord, étoit surmontée d'une flèche de pierre, maintenant détruite en partie. On y monte par une pente douce comme à la Giralda de Séville. Son couronnement, légèrement évasé, est d'une grande élégance. Les édifices publics de Mâcon sont modernes, à l'exception du pont de douze arches qui réunit la ville au bourg de Saint-Laurent, situé sur la rive gauche de la Saône. Ce pont est d'une architecture curieuse. On présume qu'il a été construit au XIe siècle par Othon, comte de Mâcon et d'Auxonne, ou par son fils Geoffroy.

A quelques lieues de Mâcon, en remontant le cours de la Saône, nous avons voulu revoir la petite ville de Tournus et son intéressante église abbatiale de Saint-Philibert, que nous avions visitée en terminant notre voyage dans la Franche-Comté. Les nouveaux dessins que nous publions ici de cette belle basilique compléteront la description que nous en avons précédemment donnée.

Dans les riches campagnes du Mâconnois, plusieurs petites cités, autrefois populeuses, aujourd'hui désertes, de vieux châteaux forts, des manoirs féodaux en grand nombre, rappellent des faits historiques, de grands noms que nous aimerions à rappeler; mais, forcé de circonscrire nos récits, nous ne pouvons que signaler en passant la ville de Bâgé-le-Châtel, qui a conservé quelques traces de son ancienne importance; celle de Saint-Gengoux-le-Royal, où les ducs de BOURGOGNE avoient bâti une forteresse dont il ne reste plus qu'une tour servant de presbytère, et qui possède une jolie église; les ruines pittoresques des manoirs de Sercy, de Curtil-sous-Burnaud, de la Salle, de Berzé, de Cormatin, d'Uxelles, de Lourdon, et le château de Saint-Point, dont la vieille célébrité a été rajeunie dans ces derniers temps par le séjour d'un poëte illustre.

Mais nous devons consacrer le peu d'espace qui nous reste, à évoquer un des plus grands souvenirs de l'ancienne France, à décrire ce que les révolutions nous ont laissé d'un des plus vastes et des plus magnifiques monuments religieux de l'Europe, l'abbaye chef d'ordre des Bénédictins de Cluny, qui fut peut-être, au moyen âge, la première corporation religieuse de la chrétienté. Fondé en 909 par Guillaume-le-Pieux, duc d'Aquitaine et comte de Mâcon, le monastère de Cluny eut pour premiers abbés Bernon, saint Odon, qui mérita la gloire d'être nommé le Restaurateur de l'institut de saint Benoît; saint Odilon, saint Maïeul et saint Hugues, qui furent mêlés à tous les grands événements de leur époque. C'est de cette puissante abbaye que sont sortis les papes Grégoire VII, Urbain II, Pascal II. Les luttes de l'Église avec l'empire germanique, le grand mouvement des croisades, touchent de près à l'histoire de cet ordre illustre. On le vit prendre une part active à la défaite des hérésies et des schismes du XIIe siècle, et son nom se confond avec ceux de Pierre-le-Vénérable et de saint Bernard, avec tous les noms les plus éclatants de cette époque. Suger, Héloïse, Abailard, apparoissent dans les annales de Cluny à côté d'Innocent II, de Louis-le-Jeune, des rois d'Espagne, des empereurs d'Allemagne, de Jérusalem et de Constantinople. L'éclat et l'influence de l'ordre de Cluny finirent sous le règne de Louis XIII. Richelieu anéantit jusqu'aux dernières traces de ses priviléges, et acheva son abaissement en faisant démanteler, en 1633 les fortifications qui entouroient l'abbaye. La vie politique de cette illustre congrégation s'éteignit entre les mains de Mazarin, qui l'unit à l'ordre des Bénédictins de Saint-Vannes. L'abbaye de Cluny renfermoit autrefois trois églises; la plus ancienne, fort petite, étoit située(1) dans le cimetière des religieux; la seconde, appelée Saint-Pierre-le-Vieux, se trouvoit enclavée dans le cloître. Mais la véritable basilique abbatiale, celle qui excitoit surtout l'admiration, étoit bâtie au bas de la colline sur laquelle s'élève la ville. Devant l'édifice se déployoit un vaste parvis auquel on arrivoit par un porche décoré de sculptures byzantines. Le portail, encadré entre deux tours crénelées de forme quadrangulaire, couvertes d'un toit pyramidal, ouvroit dans un atrium ou narthex voûté et divisé en trois parties par deux rangs de colonnes, disposition qu'on retrouve à Tournus, à Paray-le-Monial et à Vézelay. —L'intérieur de l'édifice présentoit des dimensions colossales. Sa longueur, selon D. Martène, étoit de cinq cent vingt-cinq pieds sur une largeur de cent vingt pieds. Deux transsepts séparant la nef du chœur donnoient à l'édifice la forme d'une croix archiépiscopale. Au-dessus des transsepts s'élevoient quatre clochers qui, avec les deux tours pyramidales de la façade, formoient l'ensemble le plus pittoresque et le plus imposant. Les immenses bâtiments du monas-

(1) Voy. D. Martène. *Voyage littéraire de deux bénédictins de la congrégation de Saint-Maur,* 1717, 2 volumes in-4°, tome Ier, page 228.

tère et son église, une des plus magnifiques du monde chrétien, sont tombés lentement, de 1791 à 1811, sous le marteau des modernes iconoclastes, qui mirent ainsi vingt ans à accomplir cette œuvre de destruction. Il ne reste plus, de la basilique abbatiale, qu'une portion d'un des collatéraux, surmontée d'un clocher, quelques débris de sculpture, des tronçons de colonnes et une chapelle du XVe siècle, bâtie par l'abbé Jean de Bourbon. Outre ces ruines désolées, dont l'aspect inspire un profond sentiment de tristesse, la ville de Cluny possède encore deux églises paroissiales; la plus ancienne, construite en 1159, et dédiée à saint Marcel, n'est pas sans intérêt.

Belle et noble province de Bourgogne, qui tiens un rang si brillant et si dramatique dans notre histoire, tes monuments venoient ajouter à ta gloire, et il en reste à peine quelques ruines. C'est peut-être toi qui as le plus souffert de nos passions dévastatrices. Dieu veuille que les malheurs du passé soient pour tes enfants un enseignement, afin de conserver les derniers joyaux archéologiques que tu possèdes! Ces débris sont magnifiques; ils contribuent non-seulement à ton illustration, mais encore à celle de toute la France.

Château de Chastellux

www.ingramcontent.com/pod-product-compliance
Ingram Content Group UK Ltd.
Pitfield, Milton Keynes, MK11 3LW, UK
UKHW020247180726
13839UKWH00001B/227